きほん**から**
学ぶ！

英検®**5**級
\合格/ Irie Izumi
入江 泉 著
ハンドブック

スリーエーネットワーク

Published by 3A Corporation
Trusty Kojimachi Bldg., 2F, 4, Kojimachi 3-Chome, Chiyoda-ku, Tokyo 102-0083, Japan

ISBN978-4-88319-923-5 C0082

First published 2023
Printed in Japan

はじめに

　この本は「英検5級」に合格するために必要な「きほん」を学びながら、とく力を身につけるためのものです。先生といっしょに学ぶ3人の学生が登場します。

元気な人気者の　　　　　英語が好きな　　　　ほのぼのとした性格の
　　ショー　　　　　　　　ハナ　　　　　　　　　ゴン太

　これから、この3人といっしょに学び、合格を目指しましょう。

　本書は、5級の筆記・リスニングの対策書です。5級で重要な単語・表現をおぼえ、「読む」「聞く」の総合的な基礎力をつけます。Let's TRY では、英検エキスパートの先生の解説をとおして試験に出やすい問題のとき方を学び、最後の「練習しよう！」では、本番形式の問題に挑戦します。

　試験対策に限りませんが、英語を学ぶときは、音声をフル活用しましょう。たとえばリスニング問題では音声を聞いて問題をといて終わりではなく、スクリプトと音声を利用して「音読」することをおすすめします。本書では、筆記の問題文にも音声をつけました。ぜひ音声をまねして声に出して読んでみましょう。スピーキング対策にもつながります。

　5級は、いちばんやさしい級ですが、いちばん大事な級でもあります。「5級に合格すること」だけを目標にせず、本書の内容をすべて理解するつもりで取り組みましょう。本書で英語の基礎力がついたら、次の4級、3級にも無理なく進むことができます。

　本書をとおして、3人の学生たちとともに「英語がわかった！」「合格した！」「次の級にもトライしたい！」と思ってもらえたらすごくうれしいです。

著者　入江　泉

目 次

筆記1 −短文の語句空所補充−

筆記2 −会話文の文空所補充−

筆記3 −日本文付き短文の語句整序−

練習しよう！《筆記》

リスニング－第1部　会話の応答文選択－

リスニング－第2部　会話の内容一致選択－

リスニング－第3部　イラストの内容一致選択－

練習しよう！《リスニング》

本書について

　本書では、英検5級に合格するために必要な「基本」を学びながら、とく力を身につけることができます。

【本書の流れ】

　以下のように、大問ごとに進めていきます。筆記・リスニングの問題をとおして読む・聞くがバランスよく学べます。

筆記1（短文・空所補充）
筆記2（会話・空所補充）
筆記3（短文・語句整序）
リスニング1（会話・応答文選択）
リスニング2（会話・内容一致選択）
リスニング3（短文・内容一致選択）

【各大問の構成】

　各大問では、次のような流れで学習します。

出題形式を確認
↓
✔CHECK! でチカラだめし（筆記1の単熟語問題のみ）
↓
📖 おぼえよう! 📖 確認しよう! でよく出る単語や表現をおぼえる
↓
ポイント でかんたんな問題をとき、単語や表現を確認
↓
Let's TRY で試験に出る特徴的な問題のとき方を学習
↓
🐱 練習しよう！で本番形式の問題に挑戦（筆記・リスニングの最後にあります）

📖 おぼえよう! 📖 確認しよう!

　「おぼえよう！」「確認しよう！」では、各大問で頻出の英単語や表現がリストアップされています。合格に必要な知識を身につけましょう。

Let's TRY

「Let's TRY」では、各大問の特徴的な問題を取り上げ、先生が説明する形式でていねいに解説を行います。必要な語いや英文法、とき方、スキルなどを学びましょう。

🏋 練習しよう！

「練習しよう！」では、本番形式の問題をといて、これまで学んだことを定着させます。

【そのほかの特徴】

🎧 英語を聞こう！ ＆ 音読しよう！

筆記・リスニングともに、問題をといたあとに、英文を聞いて音読をする機会を設けています。英語を「聞く」ことに慣れるだけでなく、音声をまねて声に出して「読む」ことで、リスニングだけでなくスピーキングの対策にもなります。

「英語を聞こう！＆音読しよう！」の音声にはポーズ（音声のない部分）がふくまれています。英語を聞いたら、ポーズのところで音読をしましょう。

本書では、先生と学生たちによって問題をとく時のポイントや確認事項がコメントされています。キャラクターの吹き出しも読みながら進めていきましょう！

音声について

本書の音声はウェブサイトにて、ストリーミング、ダウンロードでお聞きいただけます。こちらの二次元バーコードもしくは以下のURLからアクセスしていただき、[補助教材『きほんから学ぶ！英検®5級 合格ハンドブック』音声] へお進みください。

https://www.3anet.co.jp/np/books/5558/

本書は「これ1冊で合格できる！」ことを前提に作られていますが、5級の問題をもっと学びたい場合、同じ著者の『1日1枚！ 英検5級 問題プリント』（25日完成）がおすすめです。試験対策の順番としては、本書『ハンドブック』で問題の形式や傾向をしっかり学んだあとに『1日1枚！』に取り組むと効果的です。

英検5級の試験内容

　5級の試験の審査基準は、「初歩的な英語を理解することができ、またそれを使って表現することができる」となっています。

　5級の単語や文法は中学1年生レベル。でも、難しい内容は出てこないから、小学生でも無理なく取り組めるようになっているのよ。

　5級の問題形式を確認しましょう。試験は筆記とリスニングがあります。

筆記（25分）

問題		出題形式	問題数
1	短文の語句空所補充	文脈に合う適切な語句を補う。	15問
2	会話文の文空所補充	会話文の空所に適切な文や語句を補う。	5問
3	日本文付き短文の語句整序	日本文を読み、その意味に合うように与えられた語句を並べかえる。	5問

リスニング（約20分・放送はすべて2回ずつ）

問題		出題形式	問題数
第1部	会話の応答文選択	会話の最後の発話に対する応答として最も適切なものを補う。（補助イラスト付き）	10問
第2部	会話の内容一致選択	会話の内容に関する質問に答える。	5問
第3部	イラストの内容一致選択	短文を聞いて、イラストの動作や状況を表すものを選ぶ。	10問

　筆記・リスニングとも解答は選択式（1〜4または1〜3）で、記述の問題はありません。

*審査基準および問題形式については、英検協会ウェブサイトより引用。

ぜんぶ選択問題なんだね。

 そう、英文を「書く」問題はないの。英検は正解を選んで番号をぬりつぶすマークシート方式。初めての人は番号をすばやく正確にぬりつぶす練習もしておこうね。

（マークシートの例）

筆記解答欄				
問題番号	1	2	3	4
1	(1)	① ② ③ ④		
	(2)	① ② ③ ④		
	(3)	① ② ③ ④		
	(4)	① ② ③ ④		
	(5)	① ② ③ ④		
	(6)	① ② ③ ④		
2	(7)	① ② ③ ④		
	(8)	① ② ③ ④		
3	(9)	① ② ③ ④		

リスニング解答欄					
問題番号		1	2	3	4
第1部	No.1	① ② ③			
	No.2	① ② ③			
	No.3	① ② ③			
	No.4	① ② ③			
第2部	No.5	① ② ③ ④			
	No.6	① ② ③ ④			
第3部	No.7	① ② ③			
	No.8	① ② ③			

※解答にはHBの黒えんぴつ（シャープペンシルも可）を使用しましょう。

5級のスピーキングテストは、コンピュータ端末を利用した録音形式になります。本書では扱いませんが、対策として、筆記の英文を音読したり、リスニングの放送文を見て音声をまねして声に出して読むことをおすすめします。

Reading

筆記１の出題形式

筆記１は、短い文を読んで、空所に合う語句を選ぶ問題です。空所に入れる語句の種類は次の３つで、各問題数はおよそ以下のとおりです。

単語　⇒　7問　問(1)〜(7)
熟語　⇒　5問　問(8)〜(12)　｝　**15問**
文法　⇒　3問　問(13)〜(15)

●サンプル問題●

> Mika （　　　　） in a school band.
>
> 1　speaks　　2　sings　　3　looks　　4　swims

筆記１は、このような問題が15問あります。目安となる解答時間は10分です。15問のうち、「単語」＋「熟語」の問題でおよそ12問です。つまり、単語・熟語を知らないと正解できないので、語彙力が最大のカギとなります。

どんな単語や熟語をおぼえるべきなの?

この本では、はじめにおぼえておきたい単語や熟語を確認してから問題に取り組みます。 というリストがありますので、それらの単語・熟語をおぼえていきましょう。

> 余裕ができたら、筆記２と筆記３の学習で出てきた知らない単語を１つずつおぼえていくといいよ。

単語はどうやっておぼえたらいいの?

「単語は文脈（話の流れ）の中でおぼえるべき」と聞いたことがありますか? 必ずしもそうではありません。実は、文脈でおぼえたほうがよい単語とそうではない単語があり、５級レベルではそうではない単語（特に名詞）がすごくたくさんあります。

たとえば、動物です。rabbit「ウサギ」をおぼえるのに、

I have two dogs and one rabbit. わたしは犬を2匹と**ウサギ**を1匹飼っています。

という例文があったとします。しかし、このrabbitの部分にはほかの動物も入るので、1つの単語をおぼえるのに文をまるごとおぼえる必要はないのです。

たしかに〜。食べ物や月、曜日などもそうだね。でも、これらの単語はどうやっておぼえたらいいのかなぁ。

英語を見てパッと日本語が思い浮かぶようにするには、単語カードなどを使っておぼえるのがよいです。また、単語は目で見るだけでなく、書く、口に出すといった別の作業を加えるとおぼえやすくなります。

文法はどこまで理解すべきなの？

文法はどうだろう？　15問中3問しか出ないんだったら、まちがっても平気？

文法の基本はとても大事です。問題数が少ないからといって、わからなくてもよいわけではありません。筆記3の並べかえ問題でも文法の知識が必要ですし、3級からは英作文の問題も出てきます。文法がきちんとわかっていないと英語を正しく書けませんので、5級からしっかりと身につけていきましょう。

〈サンプル問題の訳・答え〉「ミカは学校のバンドで歌います」
　　　　　　　　　1「〜を話す」　2「歌う」　3「見る」　4「泳ぐ」（正解　2）

教える方へ：特に小学生以下のお子さんだと、文法を理解していなくても、何となく感覚で選んで正解できることが多いと思います。小さいうちは文法や文法用語を理解するのは大変ですので、正解して自信がついた、楽しい、と思える気持ちを大事にしてあげましょう。本書では、中高生も対象のため、筆記1の文法問題と筆記3の整序問題でしっかりと文法の説明がありますが、難しいところは飛ばしてかまいません。級が上がるにつれて感覚だけでは対応できなくなりますので、興味を持った機会に少しずつ習得していくとよいでしょう。

では、単語の問題から学習をはじめましょう。単語問題では4つの選択肢に同じ品詞の語が並びます。つまり、品詞がわからないからとけない、ということはありません。このあと、「動詞」「名詞」「そのほか」の3つにわけて学習しますが、5級ではあまり品詞にこだわらなくてよいです。英文を読んで、意味が合うものを選びましょう。

さっそく、動詞の問題から学んでいくよ。まずは、動詞の説明からだよ。

動詞ってなに?

動詞というのは、日本語で「～する」という意味の語です。日本語の動詞の「歩く」「食べる」「話す」などと同じく、walk、eat、speakなどが英語の動詞です。have「～を持っている」やis「～である、～（に）いる」なども動詞です。

動詞は文のどこにあるの?

英語は「主語＋動詞」ではじまるのが基本です。主語は、日本語でいう「～は」「～が」の意味を表す語です。

（例）　<u>My friend</u>　<u>speaks</u>　Japanese.　わたしの友だちは日本語を話します。
　　　　　主語　　　　　動詞

　　　わたしの友だちは　～を話す　　日本語

英語では主語の次に動詞がくるんだ。日本語と順番がちがうね！

✔CHECK!

次の動詞の正しい意味に○をつけましょう。

 まずは、何も見ずにやってみよう。わからなければ、次のページの 📖 おぼえよう! のリストを見ながらやってみてね。知らない単語をどんどんおぼえよう！

(1) make　(　　～を作る　　　　～を使う　　　　～を助ける　　)

(2) wash　(　　～を切る　　　　～を洗う　　　　～を見る　　)

(3) sit　　(　　立つ　　　　座る　　　　食べる　　)

(4) write　(　　～を話す　　　～を読む　　　～を書く　　)

(5) live　(　　～を使う　　　住む　　　～に会う　　)

(6) swim　(　　走る　　　泳ぐ　　　歩く　　)

(7) close　(　　開く　　　閉まる　　　眠る　　)

(8) buy　(　　～を買う　　　～を始める　　　～を楽しむ　　)

(9) come　(　　行く　　　来る　　　見る　　)

(10) do　　(　　～をする　　～を持っている　　～を知っている　　)

答え

(1) ～を作る　(2) ～を洗う　(3) 座る　(4) ～を書く　(5) 住む

(6) 泳ぐ　(7) 閉まる　(8) ～を買う　(9) 来る　(10) ～をする

 **おぼえよう!**

☐ **buy**	〜を買う
☐ **call**	〜に電話をかける
☐ **close**	閉まる、〜を閉める
☐ **come**	来る
☐ **cut**	〜を切る
☐ **dance**	（〜を）踊る
☐ **do**	（〜を）する
☐ **draw**	〈えんぴつなどで〉（〜を）描く
☐ **drink**	（〜を）飲む
☐ **eat**	（〜を）食べる
☐ **enjoy**	〜を楽しむ
☐ **find**	〜を見つける
☐ **finish**	終わる、〜を終える
☐ **go**	行く
☐ **have**	〜を持っている、〜を食べる、〜を飼っている
☐ **help**	〜を助ける、〜を手伝う
☐ **know**	〜を知っている
☐ **like**	〜が好きである、〜を好む
☐ **listen**	聞く
☐ **live**	住む
☐ **look**	見る
☐ **make**	〜を作る
☐ **meet**	〜に会う
☐ **need**	〜を必要とする
☐ **open**	開く、〜を開ける
☐ **paint**	〈絵の具で〉（〜を）描く
☐ **play**	（スポーツ）をする、（楽器）を演奏する、遊ぶ
☐ **put**	〜を置く
☐ **rain**	雨が降る

☐ read	〜を読む
☐ run	走る
☐ say	（〜を）言う
☐ see	〜を見かける、〜を見る、〜に会う
☐ sing	（〜を）歌う
☐ sit	座る、座っている
☐ ski	スキーをする
☐ sleep	眠る
☐ snow	雪が降る
☐ speak	〜を話す
☐ stand	立つ、立っている
☐ start	始まる、〜を始める
☐ swim	泳ぐ
☐ take	（写真）をとる
☐ teach	〜を教える
☐ tell	〜に話す
☐ use	〜を使う
☐ walk	歩く
☐ want	〜がほしい
☐ wash	〜を洗う
☐ watch	〜を見る
☐ work	働く
☐ write	〜を書く

 同じなかまや反対の意味の語をまとめておぼえてもいいね！

（例）・動作など同じなかまの動詞

walk、run、swim、ski、dance・・・体を動かす

rain、snow・・・天気

・反対の意味の動詞

go⇔come、open⇔close、start⇔finish、sit⇔standなど

ポイント 前後の意味のつながりを意識しよう！

前のページでおぼえた動詞を使った問題です。意味が通るように、（　　）の正しい語に○をつけましょう。

(1) （　buy　swim　） in the sea

(2) （　live　enjoy　） in Japan

(3) （　speak　wash　） your shoes

うしろの語句との意味のつながりを考えよう。

(4) （　work　paint　） a picture

(5) （　do　play　sing　） my homework

(6) （　sit　walk　make　） chocolate cookies

●ヒント●

sea「海」／Japan「日本」／shoe「くつ」／picture「絵」
homework「宿題」／chocolate「チョコレート」／cookie「クッキー」

018

答え

(1) (buy (swim)) in the sea
海で泳ぐ

(2) ((live) enjoy) in Japan
日本に住む

(3) (speak (wash)) your shoes
くつを洗う

(4) (work (paint)) a picture
絵を描く

(5) ((do) play sing) my homework
宿題をする

(6) (sit walk (make)) chocolate cookies
チョコレートのクッキーを作る

英語を聞こう！ & 音読しよう！ 🔊 1

とき終わった問題の音声を聞いて、声に出して読みましょう。

> 教える方へ：単語の意味や使い方を定着させるためには、完成した語句や英文を耳で聞き、声に出して読むことをおすすめします。これはリスニングやスピーキングの対策にもなります。また、外来語やカタカナ語と英語の発音のちがいに気づくきっかけにもなります。このページの場合、chocolate の発音が日本語の「チョコレート」とちがいます。

Let's TRY

Let's TRY では、実際の試験の問題形式にトライします。各大問の特徴的な問題を取り上げて、そのとき方を習得します。

（　）に入る適切なものを選んで、○をつけましょう。

1

My friend （　　　） Japanese and Chinese.

1　lives　　　2　speaks　　　3　starts　　　4　buys

2

A: Mom, can you （　　　） me with my homework?
B: OK, Mike.

1　enjoy　　　2　know　　　3　meet　　　4　help

3

A: It's very cold today.
B: Yeah. Oh, look! It's (   )!

1 running   2 writing   3 snowing   4 closing

4

Jane (   ) fruit. She eats some for breakfast every day.

1 likes   2 cuts   3 tells   4 runs

1. ときかた

My friend （　　　） Japanese and Chinese.

1　lives　　2　speaks　　3　starts　　4　buys

まず、（　　）のあるところを見ると、My friendのうしろにあるね。My friendは主語で、「わたしの友だちは」という意味。英語は主語→動詞の順番だから、（　　）には動詞が入るのよ。

（　　）のうしろを見てみよう。Japanese and Chineseとあるね。これは「日本語と中国語」という意味。これで、「わたしの友だちは、日本語と中国語を〜します」に合うのはspeaks「〜を話す」だとわかるのよ。このように、動詞の問題はうしろの部分とのつながりが大事なの。

- -

訳：「わたしの友だちは、日本語と中国語を話します」

　　1「住む」　2「〜を話す」　3「〜を始める」　4「〜を買う」

（正解　2）

 Japanese and Chineseをちがう意味で考えるとまちがってしまうので、気をつけよう。

「日本人と中国人」？ → どの選択肢も合わない……
「日本と中国」？ → lives「住む」が合う？
　　　　　　　　　 → live in Japan and Chinaが正しい

2. ときかた

A: Mom, can you （　　　） me with my homework?
B: OK, Mike.

| 1 | enjoy | 2 | know | 3 | meet | 4 | help |

これは、AとBで会話になっているパターンよ。Mom, はお母さんへの呼びかけで、can you 〜? は「〜してくれる？」という意味。つまり、A（子ども）がB（お母さん）に何かお願いしていて、BはそれにOKと言っているね。

homeworkは「宿題」のことだと知っている人は多かったんじゃないかな？　ここまでで、「お母さん、宿題を〜してくれる？」という内容だとわかるね。だから、ここはhelp「〜を手伝う」が合うのよ。

- -

訳：A「お母さん、わたしが宿題をするのを手伝ってくれる？」
　　B「いいよ、マイク」
　　1「〜を楽しむ」 2「〜を知っている」 3「〜に会う」 4「〜を手伝う」

（正解　4）

（　　　）のうしろにあるme with の意味はわかったかな？
help me with my homeworkで「わたしの宿題を手伝う」という意味。help 〜 with ...「〜が…するのを手伝う」の形でおぼえておこう。

3. ときかた

A: It's very cold today.
B: Yeah. Oh, look! It's （　　　）!

1 running　　2 writing　　3 snowing　　4 closing

（　）は会話の最後にあるね。この問題のように、（　）の前後のつながりだけでは正解が選べないこともあるよ。

４つの選択肢を見てみよう。動詞にingがついているね。（　）の前のIt'sはIt isを短くした形で、is -ingで「～している」という意味なんだけど、ここでは４つの動詞の意味がわかればだいじょうぶだよ。

> 1はrun「走る」、2はwrite「書く」、3はsnow「雪が降る」、4はclose「閉まる」という意味がわかればOK！

Aのセリフにヒントがあるので見てみよう。Aはcold「寒い」と言っているね。寒い日を想像してみよう。snowing「雪が降っている」が場面に合うね。

- -

訳：A「今日はすごく寒いね」
　　B「うん。ねえ、見て！　雪が降っているよ！」
　　1「走っている」　　　2「書いている」
　　3「雪が降っている」　4「閉まっている」

（正解　3）

It's very coldとIt's snowingのItは、どちらも「それ」という意味ではないの。寒い・暑いとか、天気を表すときに使うitについては103ページでくわしく説明しているよ。

4. ときかた

Jane（　　　）fruit. She eats some for breakfast every day.

1　likes　　2　cuts　　3　tells　　4　runs

（　　　）の前のJaneは「ジェーン」という人の名前。そして、（　　　）
のうしろのfruitは「くだもの」だね。これも（　　　）の前後の
つながりだけでは正解が選べないパターン。

4つの選択肢を見てみよう。

> 1 likes「〜が好きだ」　2 cuts「〜を切る」　3 tells「〜に話す」　4 runs「走る」
> →1はlikes fruit「くだものが好き」、2はcuts fruit「くだものを切る」となり、
> 　どちらも合いそう……。

この問題は、2つめの文にヒントがあるの。She「彼女」はJaneのこと
でeatsは「食べる」。some が何かわからなかったかもしれないけど、
breakfast「朝食」、every day「毎日」から、ジェーンは毎日朝食に○○
を食べているという意味。

つまり、このsome は 前の文に出てきたfruitのことなの。ここから、く
だものを毎日食べる ⇒ くだものが好き（×くだものを切る）とわかるのよ。

- -

訳：「ジェーンはくだものが好きです。彼女は毎日朝食にくだものを食べます」
　　1「〜が好きだ」　2「〜を切る」　3「〜に話す」　4「走る」

（正解　1）

> 文中のsome、it、oneなどは、その前に出てきた「もの」を意味するんだ。
> それが何を指しているのかは、文章のほかの部分から考えよう。

 英語を聞こう！ & 音読しよう！ 🔊 2

※問題を全部とき終わったら、音声を聞いて、声に出して読みましょう。

　単語問題：適切な名詞を選ぶ問題

　筆記１の単語問題でいちばんよく出るのは名詞です。おぼえるべき語も名詞がいちばん多いですが、名詞をたくさん知っていることは、「読む」「聞く」うえで大切です。

名詞ってなに?

　名詞というのは、ものの名前です。日本語の名詞の「机」「日本」「１月」「月曜日」などと同じく、desk、Japan、January、Monday などが英語の名詞です。

名詞は文のどこにあるの?

　名詞は英文中のいろいろな場所にあります。次の文で色のついた語はすべて名詞です。

・I like sports.　わたしはスポーツが好きです。
　　　　 スポーツ

・My sister plays the piano well.　わたしの姉［妹］はピアノをじょうずにひきます。
　　　姉［妹］　　　　　 ピアノ

・Bill often eats pizza for lunch.　ビルはよく、昼食にピザを食べます。
　ビル　　　　　　ピザ　　　 昼食

・We have pretty flowers in our garden.　わたしたちの庭にかわいい花があります。
　　　　　　　　　　 花　　　　　　　 庭

教える方へ：名詞には可算名詞（数えられる名詞）と不可算名詞（数えられない名詞）があり、可算名詞の複数形には(e)sがつきますが、英検の空所問題では（どの級でも）この理解が問われることはありません。sport と sports が同じ語だとわかればOKです。上の文の主語のIやWeも名詞の仲間ですが、76〜77ページの文法のところで代名詞として学びます。

CHECK!

次の名詞の正しい意味に○をつけましょう。

 わからないときは次のページのリストを見てもいいよ。

(1) box   (本   箱   手紙   )

(2) river   (川   山   海   )

(3) hat   (くつ   帽子   かばん   )

(4) uncle   (父   家族   おじ   )

(5) library (図書館   駅   部屋   )

(6) name   (町   名前   色   )

(7) train   (列車   バス   自転車   )

(8) country (家   都市   国   )

(9) doctor   (運転手   息子   医者   )

(10) flower (花   公園   庭   )

┌─ 答え ┐
(1) 箱   (2) 川   (3) 帽子   (4) おじ   (5) 図書館
(6) 名前   (7) 列車   (8) 国   (9) 医者   (10) 花

 **おぼえよう!**

【人・職業】

☐ family	家族
☐ father	父
☐ mother	母
☐ brother	兄 [弟]
☐ sister	姉 [妹]
☐ uncle	おじ
☐ aunt	おば
☐ son	息子
☐ daughter	娘
☐ child（複数形はchildren）	子ども
☐ dancer	ダンサー
☐ doctor	医者
☐ driver	運転手
☐ pilot	パイロット
☐ teacher	教師、先生
☐ student	学生、生徒

【場所・街・自然など】

☐ house	家
☐ room	部屋
☐ garden	庭
☐ city	都市
☐ town	町
☐ country	国
☐ bookstore	書店
☐ library	図書館
☐ restaurant	レストラン
☐ shop / store	店
☐ station	駅

☐ **museum**		博物館
☐ **zoo**		動物園
☐ **mountain**		山
☐ **park**		公園
☐ **river**		川
☐ **sea**		海
☐ **tree**		木

【日常生活（乗り物、着るものなど）】

☐ **bus**	バス
☐ **car**	自動車
☐ **train**	列車、電車
☐ **bike / bicycle**	自転車
☐ **hat**	帽子
☐ **shoe(s)**	くつ
☐ **shirt**	シャツ
☐ **album**	アルバム
☐ **bag**	かばん
☐ **bed**	ベッド
☐ **book**	本
☐ **box**	箱
☐ **camera**	カメラ
☐ **color**	色
☐ **computer**	コンピュータ
☐ **flower**	花
☐ **letter**	手紙
☐ **movie**	映画
☐ **name**	名前
☐ **picture**	絵、写真
☐ **ticket**	チケット、切符
☐ **table**	テーブル
☐ **door**	ドア
☐ **window**	窓

CHECK!

次の名詞の正しい意味に○をつけましょう。

 わからないときは次のページのリストを見てもいいよ。

(1) baseball （　　野球　　　　テニス　　　　バスケットボール　　）

(2) history （　　算数　　　歴史　　　宿題　）

(3) week （　　週　　　月　　　年　）

(4) ruler （　　机　　　定規　　　消しゴム　　）

(5) bread （　　ピザ　　　紅茶　　　パン　）

(6) song （　　音楽　　　歌　　　試合　）

(7) lunch （　　朝食　　　昼食　　　夕食　）

(8) noon （　　朝　　　夜　　　正午　）

(9) pet （　　テスト　　　ページ　　　ペット　　）

(10) hair （　　顔　　　髪　　　頭　）

 名詞ってすごくたくさんあるね……。　全部おぼえないとダメ？

 級が進むごとに新しい単語が出てくるから、今のうちにたくさんおぼえる
ほうがいいよ。毎日少しずつがんばっておぼえていこう！

答え

(1)　野球　　(2)　歴史　　(3)　週　　(4)　定規　　(5)　パン

(6)　歌　　(7)　昼食　　(8)　正午　　(9)　ペット　　(10)　髪

 **おぼえよう！**

【食べ物・飲み物】

☐ **food**	食べ物
☐ **bread**	パン
☐ **cake**	ケーキ
☐ **fish**	魚
☐ **meat**	肉
☐ **pizza**	ピザ
☐ **fruit**	くだもの
☐ **milk**	牛乳
☐ **tea**	紅茶
☐ **water**	水
☐ **breakfast**	朝食
☐ **lunch**	昼食
☐ **dinner**	夕食

【体】

☐ **face**	顔
☐ **hair**	髪の毛
☐ **hand**	手
☐ **head**	頭
☐ **mouth**	口
☐ **tooth（複数形は teeth）**	歯

【動物】

☐ **animal**	動物
☐ **pet**	ペット
☐ **bird**	鳥
☐ **cat**	ネコ
☐ **dog**	犬
☐ **rabbit**	ウサギ

【学校】

☐ school	学校
☐ class	授業、クラス
☐ cafeteria	カフェテリア
☐ pool	水泳プール
☐ art	芸術、美術
☐ history	歴史
☐ math	算数、数学
☐ science	理科、科学
☐ English	英語
☐ Japanese	日本語
☐ homework	宿題
☐ test	テスト
☐ page	ページ
☐ textbook	教科書
☐ dictionary	辞書
☐ eraser	消しゴム
☐ pencil	えんぴつ
☐ ruler	定規
☐ desk	机
☐ chair	いす

【スポーツ・音楽】

☐ sport	スポーツ
☐ baseball	野球
☐ soccer	サッカー
☐ tennis	テニス
☐ swimming	水泳
☐ volleyball	バレーボール
☐ ball	ボール
☐ racket	ラケット
☐ game	試合、ゲーム

☐ team	チーム
☐ club	クラブ
☐ practice	練習
☐ lesson	レッスン
☐ music	音楽
☐ guitar	ギター
☐ piano	ピアノ
☐ violin	バイオリン
☐ song	歌
☐ concert	コンサート

【時・季節】

☐ time	時間
☐ minute	分
☐ hour	1時間
☐ day	日、1日
☐ week	週、1週間
☐ month	月、1か月
☐ year	年、1年
☐ date	日付
☐ weekend	週末
☐ birthday	誕生日
☐ morning	朝、午前
☐ noon	正午
☐ afternoon	昼
☐ evening	夕方、晩
☐ night	夜
☐ spring	春
☐ summer	夏
☐ fall	秋
☐ winter	冬

前後の意味のつながりを意識しよう！

意味が通るように、（　　）の正しい語に○をつけましょう。

⑴ play （　rabbit　baseball　） in the park

⑵ eat （　bread　picture　） for breakfast

⑶ books in the （　ticket　library　）

⑷ water in the （　class　river　color　）

⑸ do my （　page　hat　history　） homework

⑹ My （　color　name　hour　） is Sho.

(1)と(2)は、動詞 play と eat とのつながりが
ポイントになりそう。

(3)と(4)の in は「〜に」という意味。books と
water がどこにあるかを考えよう。

答え

(1) play （ rabbit (baseball) ） in the park
公園で野球をする

(2) eat （ (bread) picture ） for breakfast
朝食にパンを食べる

(3) books in the （ ticket (library) ）
図書館の本

(4) water in the （ class (river) color ）
川の水

(5) do my （ page hat (history) ） homework
歴史の宿題をする

(6) My （ color (name) hour ） is Sho.
ぼくの名前はショーです。

(6)のSho「ショー」は人の名前（name）だよ。

 英語を聞こう！ & 音読しよう！ 🔊 3

Let's TRY

（　　）に入る適切なものを選んで、○をつけましょう。

1

A: Where do you live, Mika?
B: I live near the train （　　）.

1　page　　　2　food　　　3　station　　　4　color

2

A: Do you like （　　）?
B: Yes, I do. I play tennis.

1　sports　　　2　music　　　3　movies　　　4　animals

3

Today is Tuesday. Tomorrow is （　　　）.

1　Monday 　　　2　Wednesday
3　Thursday 　　　4　Friday

4

The ninth month of the year is （　　　）.

1　September 　　　2　October
3　November 　　　4　December

1. ときかた

A: Where do you live, Mika?
B: I live near the train (　　　).

1　page　　2　food　　3　station　　4　color

（　　）は会話の最後にあるね。こういう場合は、英文をはじめから読もう。

Where do you live? は、「あなたはどこに住んでいますか」と
いう意味。B（Mika）は I live ...「わたしは○○に住んでいます」
と答えているから、（　　）には住んでいる場所が入るよ。

4つの選択肢の中で、場所を表す語は station「駅」だけだね。train
station で「列車の駅」という意味だよ。

- -

訳：A「あなたはどこに住んでいますか、ミカ？」
　　B「わたしは列車の駅の近くに住んでいます」
　　1「ページ」　2「食べ物」　3「駅」　4「色」

（正解　3）

ステップアップ↗

　train station「列車の駅」や、P.34 の [ポイント] の(5)で出てきた history homework「歴史の宿題」のように、2つの単語で1つの意味を表す表現があります。いくつか例を見てみましょう。

☐ art museum	美術館
☐ city library	市立図書館
☐ flower shop	花屋
☐ train station	列車の駅
☐ train ticket	列車の切符
☐ history homework	歴史の宿題
☐ music teacher	音楽の先生
☐ pencil case	ふでばこ、ペンケース
☐ school library	学校の図書室
☐ science book	科学の本
☐ sports magazine	スポーツ雑誌
☐ gym shoes	体育館シューズ
☐ tennis racket	テニスラケット
☐ soccer practice	サッカーの練習
☐ piano lesson	ピアノのレッスン
☐ photo album	写真アルバム

このパターンが問題に出るときは、train（　station　）や（　history　）homework のように、名詞＋名詞の片方が空所になるよ。前またはうしろの名詞とのつながりだけで正解がしぼれることが多いよ。

2. ときかた

A: Do you like （　　　）?
B: Yes, I do. I play tennis.

1　sports　　2　music　　3　movies　　4　animals

Aは、Do you like ~?で「あなたは○○が好きですか」と聞いているね。Bは、これにYesと答えている。つまり、「○○が好き」という意味ね。

ここで4つの選択肢の意味を見ると、どれもlikeのあとにあてはまりそう。こういうときは、おわりまでしっかりと読むことが大事。Bは Yes, I do. 「好きです」と答えたあと、I play tennis . 「わたしはテニスをします」と言っているね。テニスをするのだから、Do you like sports? 「あなたはスポーツが好きですか」とすればいいね。

- -

訳：A「あなたはスポーツが好きですか」
　　B「はい、好きです。わたしはテニスをします」
　　1「スポーツ」　2「音楽」　3「映画」　4「動物」

（正解　1）

「sportsは好き？」⇒「うん、tennisをするよ」という流れね。

もし tennis の部分が the piano 「ピアノ」だったら、（　　）には music が入るね！

040

ステップアップ ↗

左の問題のように、tennis「テニス」を手がかりにして sports「スポーツ」を選ぶといったパターンの問題があります。次の例で、どんな「なかま」にどんな語があるかを見てみましょう。

【sport スポーツのなかま】

☐ tennis　　　　テニス

☐ baseball　　　野球

☐ soccer　　　　サッカー

☐ swimming　　水泳

☐ basketball　　バスケットボール

☐ volleyball　　バレーボール

【animal 動物のなかま】

☐ cat　　　　　ネコ

☐ dog　　　　　犬

☐ rabbit　　　　ウサギ

☐ bird　　　　　鳥

☐ hamster　　　ハムスター

※ pet（ペット）のなかまにもなる

【food 食べ物のなかま】

☐ fish　　　　　魚

☐ meat　　　　　肉

☐ rice　　　　　米、ごはん

☐ egg　　　　　たまご

☐ cake　　　　　ケーキ

【fruit くだもののなかま】

☐ apple　　　　リンゴ

☐ orange　　　　オレンジ

☐ banana　　　　バナナ

☐ strawberry　　イチゴ

☐ grape　　　　ブドウ

【color 色のなかま】

☐ white　　　　白

☐ black　　　　黒

☐ red　　　　　赤

☐ blue　　　　　青

☐ green　　　　緑

☐ pink　　　　ピンク

☐ yellow　　　黄色

【music 音楽のなかま】

☐ piano　　　　ピアノ

☐ violin　　　　バイオリン

☐ guitar　　　　ギター

☐ song　　　　　歌

☐ concert　　　コンサート

☐ band　　　　バンド

3. ときかた

Today is Tuesday. Tomorrow is (　　　).

1　Monday　　2　Wednesday　　3　Thursday　　4　Friday

パッと見て、選択肢がぜんぶ「曜日」だとわかったかな？

英文の意味は、「今日は火曜日です。明日は○○です」で、日本
語だとすごくかんたんだよね。つまり、曜日の英語を知っていれ
ば答えられる問題なのよ。

今日はTuesday「火曜日」なので、明日はWednesday「水曜日」だね。

‐ ‐

訳：「今日は火曜日です。明日は水曜日です」
　　1「月曜日」　2「水曜日」　3「木曜日」　4「金曜日」

（正解　2）

おぼえよう!

　曜日に関する問題は筆記1の定番です。特につづりのまぎらわしい<u>下線</u>の語に注意しながら、ここで曜日をおぼえましょう。

☐ **Monday** 　　　　月曜日
☐ **Tuesday** 　　　　<u>火曜日</u>
☐ **Wednesday** 　　　水曜日
☐ **Thursday** 　　　<u>木曜日</u>
☐ **Friday** 　　　　金曜日
☐ **Saturday** 　　　<u>土曜日</u>
☐ **Sunday** 　　　　<u>日曜日</u>

> TuesdayとThursday、Saturday と Sunday はつづりが似ているから問題に出やすいよ。書いておぼえよう!

 英語を聞こう！ & 音読しよう！ 🔊 4

※ほかの曜日のパターンの英文を聞きましょう。曜日の発音を確認して、声に出して読んでみましょう。スクリプトと訳は巻末192ページにあります。

4. ときかた

> The ninth month of the year is（　　　）.
>
> 1　September　　2　October
> 3　November　　4　December

今度は「月」に関する問題よ。選択肢を見て、ぜんぶ「〇月」を表す語だとわかったかな？

英文を見てみよう。ninthは「9番目の」という意味。だから、「1年の9番目の月は〇〇月です」という意味の文だよ。9番目の月は9月だから、Septemberが正解。-berで終わる月は4つあるから、つづりと発音も確認しておこうね。

- -

訳：「1年の9番目の月は9月です」
　　1「9月」　2「10月」　3「11月」　4「12月」

（正解　1）

 1月〜12月を表す英単語と、ninthのような「〇番目の」という単語の両方を知っていないととけないね。

MarchとMay、JuneとJuly、9〜12月の-berで終わる月はつづりが似ているから問題に出やすいよ。

 ## 英語を聞こう！ & 音読しよう！ 🔊 5

※問題を全部とき終わったら、音声を聞いて、声に出して読みましょう。

おぼえよう！

　数字と「○番目の」と月をおぼえましょう。つづりがまぎらわしい<u>下線</u>の語に注意しましょう。

【数字】		【○番目の】		【月】	
□ one	1	□ <u>first</u>	1番目の	□ January	1月
□ two	2	□ <u>second</u>	2番目の	□ February	2月
□ <u>three</u>	3	□ third	3番目の	□ <u>March</u>	3月
□ four	4	□ <u>fourth</u>	4番目の	□ April	4月
□ <u>five</u>	5	□ fifth	5番目の	□ <u>May</u>	5月
□ six	6	□ sixth	6番目の	□ <u>June</u>	6月
□ seven	7	□ seventh	7番目の	□ <u>July</u>	7月
□ eight	8	□ eighth	8番目の	□ August	8月
□ nine	9	□ ninth	9番目の	□ <u>September</u>	9月
□ ten	10	□ tenth	10番目の	□ <u>October</u>	10月
□ eleven	11	□ eleventh	11番目の	□ <u>November</u>	11月
□ twelve	12	□ twelfth	12番目の	□ <u>December</u>	12月

　次のように、同じような意味の英文で、「○番目の」の部分が（　　）になる場合もあります。考え方は同じで、月を手がかりに、「○番目の」の語を選びます。

（例）May is the （　　） month of the year.

　　1　second　　2　third　　3　fourth　　4　fifth

　　「5月は1年の5番目の月です」

　　1「2番目の」　2「3番目の」　3「4番目の」　4「5番目の」　　（正解　4）

 英語を聞こう！ & 音読しよう！ 🔊 6

※ほかの月のパターンの英文を聞きましょう。「○番目の」の語と「月」の発音を確認して、声に出して読んでみましょう。スクリプトと訳は巻末192-193ページにあります。

筆記1-3　単語問題：そのほかの単語を選ぶ問題

　単語問題では、動詞と名詞の問題のほかに、形容詞、副詞、前置詞などの問題が毎回1〜2問出題されます。

　このあと、品詞ごとに説明をしますが、英検では品詞のちがいが問われることはありません。5級では、形容詞、副詞、前置詞などの働きやちがいがよくわからなくてもだいじょうぶですが、意味はしっかりとおさえておきましょう。

形容詞ってなに?

　形容詞は、ものを説明する働きをします。日本語でいうところの「〜な」「〜い」「〜の」の言葉です。日本語の形容詞の「大きな」「古い」「日本の」などと同じく、big、old、Japaneseなどが英語の形容詞です。

1. 名詞の前に置いて、名詞に意味を加えます。

・a big country　大きな国
　　大きな　　┗名詞

・The test is next Monday.　テストは次の月曜日です。
　　　　　　　 次の　　┗名詞

2. 形容詞は「…は〜です」という文でも使います。「です」を表す is、are、am のあとに形容詞がきます。

・My desk is old.　わたしの机は古いです。
　　〜です┛　古い

> is、are、am は「〜だ」「〜です」という意味を表すのよ。

046

✔CHECK!

次の形容詞の正しい意味に○をつけましょう。

(1) tall 　（　　小さい　　　背が高い　　　短い　　）

(2) cute 　（　　親切な　　　忙しい　　　かわいい　　）

(3) cold 　（　　寒い　　　暑い　　　あたたかい　　）

(4) next 　（　　最後の　　　新しい　　　次の　　）

(5) hungry （　おなかがすいた　　のどがかわいた　　お気に入りの　　）

答え

(1) 背が高い　(2) かわいい　(3) 寒い

(4) 次の　(5) おなかがすいた

📖 おぼえよう!

□ beautiful	美しい
□ big	大きい
□ busy	忙しい
□ Chinese	中国の、中国語の、中国人の
□ cold	寒い、冷たい
□ cute	かわいい
□ delicious	すごくおいしい
□ easy	かんたんな
□ fast	速い、速く
□ favorite	大好きな、お気に入りの
□ free	ひまな
□ good	よい、じょうずな
□ great	すばらしい

☐ **happy**	幸せな	
☐ **high**	高い	
☐ **hot**	暑い、熱い	
☐ **hungry**	おなかがすいた	
☐ **Japanese**	日本の、日本語の、日本人の	
☐ **kind**	やさしい	
☐ **last**	最後の	
☐ **little**	小さい	
☐ **long**	長い	
☐ **new**	新しい	
☐ **next**	次の	
☐ **nice**	すてきな、よい	
☐ **old**	古い	
☐ **pretty**	かわいい	
☐ **rainy**	雨降りの	
☐ **right**	正しい	
☐ **short**	短い	
☐ **slow**	遅い	
☐ **small**	小さい	
☐ **soft**	やわらかい	
☐ **sunny**	晴れた	
☐ **tall**	背が高い	
☐ **thirsty**	のどがかわいた	
☐ **warm**	あたたかい	
☐ **wonderful**	すばらしい	
☐ **young**	若い	

 cold「寒い、冷たい」⇔ hot「暑い、熱い」、new「新しい」⇔ old「古い」のような反対の意味の語や、hungry「おなかがすいた」と thirsty「のどがかわいた」のようななかまの語はセットでおぼえるといいよ。

副詞ってなに?

　副詞は、文の中でほかの言葉の意味をくわしく説明する語です。日本語の副詞の「速く」「とても」「たいてい」などと同じく、fast、very、usually などが英語の副詞です。

1. 動詞を説明する働きをします。

・Ken swims fast.　ケンは速く泳ぎます。
　　動詞┘　　　速く

> swim fast は日本語の「速く泳ぐ」と語順がちがうね。

2. 形容詞やほかの副詞を説明する働きもします。

・This picture is very pretty.　この絵はとてもかわいいです。
　　　　　　　　とても└ 形容詞

・Ken sings very well.　ケンはとてもじょうずに歌います。
　　　　　とても└ 副詞

✔CHECK!

　次の副詞の正しい意味に○をつけましょう。

(1)　well　　（　　速く　　　　今　　　　じょうずに　　）

(2)　usually　（　本当に　　　ここへ　　　ふだん　　）

(3)　together（　そこで　　　いっしょに　　　ときどき　　）

```
┌─ 答え ──────────────────────
│ (1) じょうずに　　(2) ふだん　　(3) いっしょに
└──────────────────────────
```

おぼえよう！

☐ **around**	～ころ、およそ
☐ **fast**	速く
☐ **here**	ここで、ここに、ここへ
☐ **now**	今
☐ **o'clock**	～時
☐ **often**	よく、しばしば
☐ **only**	ただ～だけ
☐ **really**	本当に
☐ **sometimes**	ときどき
☐ **there**	そこで、そこに、そこへ
☐ **today**	今日は
☐ **together**	いっしょに
☐ **tomorrow**	明日は
☐ **usually**	たいてい、ふつう、ふだん
☐ **very**	とても
☐ **well**	じょうずに、よく

前置詞ってなに？

　前置詞は、日本語の助詞の「で」「に」「へ」「の」「と」などと似ていて、at school「学校で」や on Sunday「日曜日に」の at や on が英語の前置詞です。5級では、前置詞の細かいちがいを問う問題は出ず、このあと学ぶ「熟語」を知っていればとけるようになっています。

　5級でおさえておきたい前置詞の種類は次の2つです。

1. 名詞の前に置いて、「時」を表す

・I have tennis practice on Sundays.　わたしは日曜日にテニスの練習があります。

・The next game is in May.　次の試合は、5月にあります。

・I get up at six every morning.　わたしは毎朝6時に起きます。

 意味はどれも「～に」だから、意味だけおぼえてもダメなの。曜日の前は on、月の前は in、時刻の前は at とおぼえよう。

2. 名詞の前に置いて、ものや人の「場所」や「位置」を表す

- The racket is on the desk.　ラケットは机の上にあります。
- My house is near the zoo.　わたしの家は、動物園の近くにあります。
- Ken is under the tree.　ケンは木の下にいます。

 おぼえよう!

☐ **at**	～に、～で
☐ **in**	～に、～で、～の中に
☐ **on**	～に、～で、～の上に
☐ **about**	～について（の）、〈副詞〉約、およそ
☐ **by**	～のそばに、～（乗り物）で
☐ **for**	～のために
☐ **from**	～から、～出身で
☐ **near**	～の近くに
☐ **of**	～の
☐ **to**	～へ、～まで
☐ **under**	～の下に
☐ **with**	～といっしょに、～で、～を使って
☐ **after**	～のあとに
☐ **before**	～の前に

【そのほかの語（数量を表す語、代名詞、接続詞）】

☐ **all**	すべての
☐ **every**	毎～
☐ **many**	多くの
☐ **some**	いくつかの、いくらかの
☐ **and**	～と…、そして
☐ **but**	～だが…、しかし
☐ **or**	～か…、または
☐ **so**	だから、それで

ポイント 動詞・名詞以外の語を確認しよう！

意味が通るように、（　）の正しい語に○をつけましょう。

(1) sunny and （　tall　warm　）

(2) sing very （　well　really　）

(3) I （　usually　together　） go to school by bike.

(4) I often go to the library （　at　on　） Fridays.

答え

(1) sunny and （　tall　(warm)　）
   晴れてあたたかい

(2) sing very （　(well)　really　）
   とてもじょうずに歌う

(3) I （　(usually)　together　） go to school by bike.
   わたしはたいてい自転車で学校に行きます。

(4) I often go to the library （　at　(on)　） Fridays.
   わたしは金曜日によく図書館に行きます。

---

(3)の by bike は「自転車で」という意味よ。

 英語を聞こう！ & 音読しよう！ 🔊7

Let's TRY

（　）に入る適切_{てきせつ}なものを選んで、○をつけましょう。

1

A: Your T-shirt is （　　　）.
B: Thanks. I like it very much.

1　young　　　2　rainy　　　3　right　　　4　nice

2

Judy is a good swimmer. She swims very （　　　）.

1　little　　　2　new　　　3　only　　　4　fast

3

A: Is it （　　　） today?
B: No. It's raining and cold.

1　soft　　　2　warm　　　3　busy　　　4　easy

1. ときかた

A: Your T-shirt is （　　　）.
B: Thanks. I like it very much.

1　young　　2　rainy　　3　right　　4　nice

適切な形容詞を選ぶ問題よ。主語がYour T-shirt「あなたのTシャ
ツ」で、（　　）にはそのTシャツが「どんなだ」を表す語が入
るよ。

「あなたのTシャツは～だ」と言われたBは、Thanks.「ありがとう」と
お礼を言っているので、AはTシャツをほめていると想像できるね。

4つの選択肢の語を順番に（　　）に入れてみると、nice「すてきな」が
合うね。

- -

訳：A「あなたのTシャツ、すてきだね」
　　B「ありがとう。とても気に入っているんだ」
　　1「若い」　2「雨降りの」　3「正しい」　4「すてきな」

（正解　4）

2. ときかた

Judy is a good swimmer. She swims very （   ）.

1 little　　2 new　　3 only　　4 fast

1つめの文の意味はわかったかな？　good はここでは「じょう
ずな」という意味。swimmerは「泳ぐ人」なので、Judyは泳ぎ
がじょうずだという意味だよ。

2つめの文に（　　）があるね。She は Judyのことで、「彼女（かのじょ）はとても～
に泳ぎます」という意味の文だよ。

4つの選択肢を見てみよう。どれが合うかな？　泳ぎがじょうず⇒泳ぎが
速いと考えることができるから、fast「速く」が正解だね。very fastで「と
ても速く」という意味になるよ。

- -

訳：「ジュディは泳ぎがじょうずです。彼女はとても速く泳ぎます」
　　1「小さい」　2「新しい」　3「ただ～だけ」　4「速く」

（正解　4）

fastには「速い」という意味もあるから、泳ぐのが速いことを She is a
fast swimmer. と表すこともできるよ。a fast runner だったら「走る
のが速い人」ってことだね。

3. ときかた

A: Is it（　　）today?
B: No. It's raining and cold.

1 soft　　2 warm　　3 busy　　4 easy

Aは「今日（today）は～ですか」とたずねているよ。Bのセリ
フに注目しよう。No「いいえ」と答えたあと、「雨が降っていて
寒い」と言っているから、話題は今日の天気だね。

Noに注目して、4つの選択肢を見てみよう。どれが会話の流れに合うかな？
「今日はあたたかい（warm）ですか」 → 「いいえ（＝あたたかくない）。
寒いです」が自然だね。

24ページで学んだ「それ」という意味ではないItをおもいだそう。この
会話でも寒い・暑いや天気を表すItが使われているよ。

- -

訳：A「今日はあたたかいですか」
　　B「いいえ。雨が降っていて、寒いです」
　　1「やわらかい」 2「あたたかい」 3「忙しい」 4「かんたんな」

（正解　2）

選択肢の中で天気に関する語は2だけだから、raining and
coldを見て、天気について話しているとわかれば2が選べそうね。

 英語を聞こう！ & 音読しよう！ ◀)) 8

筆記1-4　熟語問題：熟語を完成させる問題

　熟語の問題は通常、筆記1の15問中、5問出題されます。5級の熟語の種類は、大きく分けると次の3つです。

> ① 動詞をふくむもの　　（例）listen to 〜　〜を聞く
> 　　　　　　　　　　　　（例）take a shower　シャワーをあびる
>
> ② 場所や時を表すもの　（例）at home　家で
> 　　　　　　　　　　　　（例）after school　放課後に
>
> ③ 会話表現　　　　　　（例）How long 〜?　どのくらいの長さで〜
> 　　　　　　　　　　　　（例）See you tomorrow.　また明日ね。

　このように、いろいろな形の熟語が出題されますが、5級では選択肢はすべて1語です。熟語のなかの動詞、前置詞、名詞などが空所になります。

熟語はどうやっておぼえたらいいの?

　単語と同じく、単語帳などを使って1つずつおぼえてもよいですし、上の①〜③のように、種類にわけておぼえてもよいでしょう。③の「会話表現」は、このあとの筆記2と3、リスニングでも出てくるので、しっかりおぼえましょう。

　熟語や会話表現を聞いてわかるようにするために、次の2つのトレーニングがおすすめです。

> 1．音声を聞きながら、問題の英文を目で追う。
> 2．英文を目で追いながら、音声の発音をまねして音声と同時に英文を音読する。

教える方へ：ここで紹介した音読は英語力を伸ばす方法として非常に効果的です。このとき大切なのは、正しい発音で読むことです。まちがった発音や日本語のカタカナの発音で読んでしまうと、「聞く・話す」につながりません。できるだけ音声に近い発音になるように発話することがポイントです。

✔CHECK!

日本語の意味に合うように、（　　）に入る語に○をつけましょう。

(1) 起きる　（　go　get　）up

(2) 午後に　（　at　in　）the afternoon

(3) 家で　（　of　at　）home

(4) シャワーをあびる　（　take　sit　）a shower

(5) ～は何歳ですか。　How（　much　old　）is ～?

┌─ 答え ─┐
└──────┘
　(1) get　　(2) in　　(3) at　　(4) take　　(5) old

おぼえよう！

【動詞をふくむもの】

□ come to ～	～に来る
□ go to ～	～に行く
□ get up	起きる
□ go to bed	寝る
□ listen to ～	～を聞く
□ look at ～	～を見る
□ sit down	すわる
□ stand up	立ち上がる
□ go camping	キャンプをしに行く
□ go jogging	ジョギングをしに行く
□ go fishing	釣りをしに行く
□ go swimming	泳ぎに行く
□ live in ～	～に住む

> go -ingで「～しに行く」という意味だよ。

□ sleep in bed	ベッドで眠る
□ take a picture	写真をとる
□ take a shower	シャワーをあびる

【場所や時を表すもの、ほか】

□ at home	家で
□ at school	学校で
□ over there	向こうに、あそこに
□ after school	放課後
□ every day	毎日
□ every night	毎晩
□ at night	夜に
□ in the morning[afternoon]	午前［午後］に
□ am[is, are] from ~	~出身である
□ a cup of ~	カップ1ぱいの
□ from A to B	AからBまで
□ ~ year(s) old	~歳
□ welcome to ~	~にようこそ

【会話表現】

□ All right.	わかりました。
□ Me, too.	わたしも。
□ Of course.	もちろん。
□ See you tomorrow.	また明日ね。
□ It's time for ~.	~の時間です。
□ How long is[are] ~?	~はどのくらいの長さですか。
□ How much is[are] ~?	~はいくらですか。
□ How old is[are] ~?	~は何歳ですか。
□ How many ~?	何個の~
□ What time ~?	何時に~
□ Have a good day.	よい1日を。
□ How[What] about you?	あなたはどうですか。

筆記1

熟語問題

意味が通るように、（　）の正しい語に○をつけましょう。

(1) Jack （ goes takes ） a shower after dinner.

(2) I do my homework （ in at ） home.

(3) Let's play tennis （ at in on ） the afternoon.

(4) How （ old many much ） is your sister?

(5) Lisa gets （ in up for ） at six every morning.

(6) A: I like dogs. （ What When Who ） about you?
　　B: Me, too.

(6)の Me, too. は「ぼくも（犬が好き）」
という意味よ。

答え

(1) Jack (goes (takes)) a shower after dinner.

ジャックは夕食後にシャワーをあびます。

・take a shower 「シャワーをあびる」

(2) I do my homework (in (at)) home.

わたしは家で宿題をします。

・at home 「家で」

(3) Let's play tennis (at (in) on) the afternoon.

午後にテニスをしましょう。

・in the afternoon 「午後に」

(4) How ((old) many much) is your sister?

あなたのお姉さん [妹] は何歳ですか。

・How old ～? 「何歳～」

(5) Lisa gets (in (up) for) at six every morning.

リサは毎朝、6時に起きます。

・get up 「起きる」

(6) A: I like dogs. ((What) When Who) about you?

B: Me, too.

A：わたしは犬が好きなんだ。あなたは？

B：ぼくも。

・What about you? 「あなたはどうですか」

(6)のWhat about you?はHow about you?とも言えるよ。ここでは「あなたはどう？＝あなたも犬は好き？」という意味ね。

英語を聞こう！ & 音読しよう！ ◀)) 9

Let's TRY

（　　）に入る適切なものを選んで、○をつけましょう。

1

> Naomi is Japanese. She's （　　　） Hokkaido.
>
> 1　about　　　2　from　　　3　with　　　4　for

2

> A: What time do you （　　　） to bed?
> B: Around ten o'clock.
>
> 1　get　　　2　take　　　3　do　　　4　go

3

Kana works at a bookstore （　　　） Monday to Friday.

1　of　　　2　down　　　3　from　　　4　for

4

A: How （　　　） is this shirt?
B: It's 2,000 yen.

1　long　　　2　many　　　3　old　　　4　much

1. ときかた

Naomi is Japanese. She's（　　　）Hokkaido.

1　about　　2　from　　3　with　　4　for

１つめの文は「Naomiは日本人です」という意味で、２つめの文の She は Naomi のこと。She's は She is を短くした形で、（　　）のあとのHokkaidoは「北海道」のことだよ。

「日本人です」のあとにつづく内容(ないよう)を考えると、出身地を表す am[is, are] from「～出身の」を使って、She's from Hokkaido.「彼女(かのじょ)は北海道の出身です」とすればいいね。

- -

訳(やく)：「ナオミは日本人です。彼女は北海道の出身です」
　　　1「～について」　2「～出身の」　3「～といっしょに」　4「～のために」

（正解(せいかい)　2）

fromには「～から」という意味と「～出身の」という２つの意味があるよ！

am、is、are は「～だ、～です」という意味だったね。次のように短く表すことがあるから知っておこう。

I'm from ～　わたしは～出身です。
He's from ～　彼(かれ)は～出身です。
She's from ～　彼女は～出身です。
We're from ～　わたしたちは～出身です。
They're from ～　彼（女）らは～出身です。

2. ときかた

A: What time do you （　　　） to bed?

B: Around ten o'clock.

1　get　　2　take　　3　do　　4　go

この問題のように、選択肢にget、take、do、goなどの動詞がならぶ問題があるよ。これらの動詞はいろいろな意味の熟語を作るので、動詞1語だけでなく、うしろの語句といっしょにおぼえよう。（　　）のあとにto bedとあるから、go to bed「寝る」が正解。

AのWhat time do you ～?は「あなたは何時に～しますか」という意味で、それに対してBが「10時ごろ」と時刻を答えている点も確認しておこう。aroundは「およそ、～ごろ」、o'clockは「（ちょうど）○時に」という意味だよ。

- -

訳：A「あなたは何時に寝ますか」
　　B「10時ごろです」

（正解　4）

 動詞の部分が空所になりやすい熟語は次のとおり。

get up　起きる	live in ～　～に住む
listen to ～　～を聞く	look at ～　～を見る
take a picture　写真をとる	take a shower　シャワーをあびる
go to bed　寝る	go camping　キャンプをしに行く
go home　家に帰る	go to ～　～に行く

3. ときかた

Kana works at a bookstore （　　　　） Monday to Friday.

1　of　　2　down　　3　from　　4　for

前から順に英文を読んでいこう。「カナは書店（bookstore）で
働いています」のあと、MondayとFridayという曜日があるね。
その間のtoに注目しよう。from A to B「AからBまで」を使って、
「月曜日から金曜日まで働く」とすれば意味がとおるので、from
が正解。

from Monday （　　　　） Fridayのように、toが空所になることもあるよ。
また、「時」だけでなく、from Tokyo to Osaka「東京から大阪へ」のよ
うに、「場所」について使えることも知っておこう。

- -

訳：「カナは月曜日から金曜日まで、書店で働いています」
　　1「～の」　2「下へ」　3「～から」　4「～のために」

（正解　3）

5級ではうっかり選んでしまうような選択肢はないから安心して。たとえ
ばこの問題では、on Monday「月曜日に」と早とちりさせようと、選択
肢にonを入れたりはしないよ。

4. ときかた

A: How（　　　）is this shirt?
B: It's 2,000 yen.

1　long　　2　many　　3　old　　4　much

会話の問題でHow（　　）...?とある場合、Bがなんと答えているかがポイントになるよ。

ここではAがshirt「シャツ」について何かたずねていて、Bが「2,000円」と答えているね。yenは日本のお金の「円」のことだよ。How much is ～?「～はいくらですか」という値段をたずねる表現がふさわしいので、muchが正解。

- -

訳：A「このシャツはいくらですか」
　　B「2,000円です」
　　1 How long is[are] ～?で「～はどれくらいの長さですか」
　　2 How many ～?で「何個の～」
　　3 How old is[are] ～?で「～は何歳ですか」
　　4 How much is[are] ～?で「～はいくらですか」

（正解　4）

次の４つをおぼえておこう！

金額（○円、○ドル）を答えている ⇒ How <u>much</u> ～?
年齢（○歳）を答えている ⇒ How <u>old</u> ～?
数（○個）を答えている ⇒ How <u>many</u> ～?
物や時間の長さ（○メートル、○分など）を答えている ⇒ How <u>long</u> ～?

 英語を聞こう！ & 音読しよう！ 🔊 10

文法の知識を問う問題

　5級の文法は中学1年生レベルです。文法の知識を問う問題は筆記1と筆記3にあります。筆記1では通常、15問中の最後の3問が文法問題になります。

　おさえておきたい文法には次のようなものがあります。

---

① am, is, are （be動詞）
② goesやdoesの文 （三人称単数現在形）
③ am[is, are] + doing （現在進行形）
④ can「～できる」 （助動詞）
⑤ 主語のない文 （命令文など）
⑥ WhereやWhoなどの疑問文 （疑問詞）
⑦ himやthemなど （人称代名詞）

　わぁ、たくさんあって大変そう……。

　多いかな？　でも5級の文法は超基本だから、ここでしっかり習得しておくことが大事だよ。

教える方へ：上の文法事項の（　　）で示した文法用語は、このあとにも出てきますが、5級の段階では無理に理解する必要はありません。5級では、主に「動詞の形」と「語順」を重点的に学んでいくとよいです。

① am, is, are（be動詞）

「…は〜です」の文です。主語に対して am、are、is のどれを使うかを確認しましょう。

主語	be動詞
I	am
he／she／it／1人［1つ］の人・もの（Mike、your mother、this boxなど）	is
you／2人［2つ］以上の人・もの（we、they、children、A and Bなど）	are

I am a doctor.　わたしは医者です。

He is not a doctor.　彼は医者ではありません。

Are you a doctor?　あなたは医者ですか。
　—Yes, I am. / No, I'm not.

Is Mike a doctor?　マイクは医者ですか。
　—Yes, he is. / No, he's not.

Hana and I are good friends.　ハナとわたしはなかよしです。

> 「〜ですか」の疑問文と Yes/No の答えかたも確認しよう。

ポイント　am、are、isを使いわけよう！

意味が通るように、（　　）の正しい語に○をつけましょう。

(1) We (　am　is　are　) Japanese.

(2) (　Am　Is　Are　) your mother a teacher?
　— No, she's not.

> (2)は she's ＝ she is の is もヒントだよ。

答え

(1) We (　am　is　(are)　) Japanese.　わたしたちは日本人です。

(2) (　Am　(Is)　Are　) your mother a teacher? — No, she's not.
　あなたのお母さんは先生ですか。— いいえ、ちがいます。

② goes や does の文 (三人称単数現在形)

「…は〜します」の文です。動詞の形、動詞が文のどこにあるか、疑問文とその答えかたも確認しましょう。筆記1では、(e)sのついた動詞やDoesの部分がよく空所になります。

I like cats.　わたしはネコが好きです。

Mai likes cats.　マイはネコが好きです。

Does your mother like cats?　あなたのお母さんはネコが好きですか。
└sはつかない

—Yes, she does. / No, she doesn't.

My mother does not like cats.　わたしの母はネコが好きではありません。
└sはつかない

> doesのある文の動詞には
> (e)sがつかないのよ。

ポイント 動詞の形を使いわけよう！

意味が通るように、（　　）の正しい語に○をつけましょう。

(1)　My sister often （　go　goes　going　） swimming.

(2)　（　Do　Does　Is　） Lucy play the piano?
　　　— Yes, she does.

答え

(1)　My sister often （　go　(goes)　going　） swimming.
　　わたしの姉［妹］はよく泳ぎに行きます。

(2)　（　Do　(Does)　Is　） Lucy play the piano? — Yes, she does.
　　ルーシーはピアノをひきますか。— はい、ひきます。

---

③ am[is, are] + *do*ing （現在進行形）

「（今）…は〜しています」の文です。「主語 + am[are, is] + *do*ing」の形をおさえましょう。*do*ing や am[is, are] + *do*ing の部分が空所になります。

$\boxed{\text{I}}$ am studying English now.　わたしは今、英語を勉強しています。

$\boxed{\text{She}}$ is running over there.　彼女はあそこで走っています。

What are $\boxed{\text{you}}$ doing now?　あなたは今、何をしていますか。

> run の ing 形は running
> になるよ。

ポイント 「〜しています」は「am[are, is] + doing」で表そう！

意味が通るように、（　）の正しい語に○をつけましょう。

⑴　Emi and Tom are （ play　plays　playing ） tennis now.

⑵　Akiko （　am studying　is studying　are studying　） in her room.

答え

⑴　Emi and Tom are （ play　plays　(playing) ） tennis now.
エミとトムは今、テニスをしています。

⑵　Akiko （　am studying　(is studying)　are studying　） in her room.
アキコは部屋で勉強しています。

> ⑵の主語は Akiko だから is が正しいよ。

④ can 「～できる」（助動詞〔じょどうし〕）

「…は～できます」の文です。can のうしろには動詞〔どうし〕の原形（もとの形）がきます。動詞の原形の部分がよく空所になります。

[I] can swim well.　わたしはじょうずに泳ぐことができます。

[Jun] can swim well.　ジュンはじょうずに泳ぐことができます。

Can [your brother] swim well?
あなたのお兄さんはじょうずに泳ぐことができますか。

　—Yes, he can. / No, he can't.

> 主語が Jun や your brother でも can や swim に s がつかないんだね。

ポイント　「～できる」は「can ＋動詞の原形」で表そう！

意味が通るように、（　　）の正しい語に○をつけましょう。

(1)　Kate can （ sing　sings　singing ） very well.

(2)　Can your uncle （ speaking　speaks　speak ） French?
　　　— Yes, he can.

答え

(1)　Kate can （ (sing)　sings　singing ） very well.
　　ケイトはとてもじょうずに歌うことができます。

(2)　Can your uncle （ speaking　speaks　(speak) ） French?
　　　— Yes, he can.
　　あなたのおじさんはフランス語を話すことができますか。 — はい、できます。

> can を使ったら主語が何であっても動詞は原形だよ。

⑤ 主語のない文 (命令文など)

　「〜しなさい」「〜してはいけません」と、相手にお願いしたり注意したりする文は、主語がなく、動詞の原形ではじめます。Let's 〜「〜しましょう」と相手を誘う文もこのなかまです。動詞の原形やDon'tの部分がよく空所になります。

Wash your shoes, Bob.　くつを洗いなさい、ボブ。

Please be quiet in this room.　この部屋では静かにしてください。
└「である」　※am[is、are]の原形はbe

Don't use my computer.
わたしのコンピュータを使わないで。

Let's play baseball.　野球をしましょう。

> Please、Don't、Let'sのあとに動詞の原形がきているね。

ポイント　「〜しなさい」などは動詞ではじめよう！

意味が通るように、(　　) の正しい語に○をつけましょう。

⑴　Please (　write　writes　writing　) your name here.

⑵　Jim! (　Isn't　Don't　Doesn't　) play with a ball here.

答え

⑴　Please (　(write)　writes　writing　) your name here.
　　ここにあなたの名前を書いてください。

⑵　Jim! (　Isn't (Don't) Doesn't　) play with a ball here.
　　ジム！　ここではボールで遊んではいけません。

---

⑥ Where や Who などの疑問文（疑問詞）

　Where や Who などの語ではじまる疑問文です。Yes や No ではなく、具体的に「何」「だれ」などを答えます。返事の内容から考えて、適切な疑問詞を選びます。

Where is your cat? ― She's on my bed .
ネコはどこにいますか。― わたしのベッドの上にいます。

Who is that man? ― He's my teacher .
あの男性はだれですか。― 彼はわたしの先生です。

ポイント 何をたずねているかを、返事から考えよう！

意味が通るように、（　　）の正しい語に○をつけましょう。

⑴　（　How　What　Who　）is that girl? ― She's my sister.

⑵　（　When　Who　Where　）is Ann? ― She's in the garden now.

⑴は「だれ」、⑵は「どこにいるか」を
答えているね。

答え

⑴　（　How　What　(Who)　）is that girl? ― She's my sister.
　　あの女の子はだれですか。― 彼女はわたしの姉［妹］です。

⑵　（　When　Who　(Where)　）is Ann? ― She's in the garden now.
　　アンはどこにいますか。― 彼女は今、庭にいます。

おぼえよう!

　5級でおぼえておきたい疑問詞には次のようなものがあります。例文とその返事を確認しましょう。疑問詞を使った疑問文は筆記2の会話文やリスニングでもたくさん出てくるので、ここでしっかりとおさえておきましょう。

1. What 　「何」

2. Who 　「だれ」

3. Whose 　「だれの」
   <u>Whose</u> bike is this? — It's Tony's .
   これはだれの自転車ですか。—トニーのものです。

 Tony's の「's」は「〜のもの」という意味よ。

4. When 　「いつ」
   <u>When</u> is your birthday? — It's January 30 .
   あなたの誕生日はいつですか。—1月30日です。

5. Where 　「どこに［で、へ］」
   <u>Where</u> is my textbook? — It's on your desk .
   わたしの教科書はどこですか。— あなたの机の上です。

6. How 　「どう、どうやって」
   <u>How</u> is your school? — It's fun .
   学校はどうですか。— 楽しいです。

   <u>How</u> do you go to school? — I go by bike .
   あなたはどうやって学校に通っていますか。— わたしは自転車で通っています。

7. Which 　「どちらの、どの」
   <u>Which</u> cap do you want? — I want the red one .
   あなたはどちらの［どの］帽子がほしいですか。— 赤い帽子がほしいです。

   ※ one は cap のこと

 英語を聞こう！ & 音読しよう！ 🔊 11

⑦ him や them など（人称代名詞）

I、he、it などは、「～は」「～の」「～を」「～のもの」によって形がかわります。

「～は」 I have a son. He is a high school student.
わたしには息子がいます。彼は高校生です。

「～の」 I have a son. His name is Yuji.
わたしには息子がいます。彼の名前はユウジです。

「～を」 Mr. Anderson is very busy. I often help him.
アンダーソン先生はとても忙しいです。わたしはよく彼を手伝います。

ポイント　「～の」「～を」などの形をおぼえよう！

意味が通るように、（　）の正しい語に○をつけましょう。

(1) I have an uncle. (　He　His　Him　) is a sushi chef.

(2) My uncle is a sushi chef. (　He　His　Him　) sushi is very good.

(3) Look at that tall man. I often see (　he　his　him　) here.

答え

(1) I have an uncle. (　He　His　Him　) is a sushi chef.
わたしにはおじがいます。彼はすし職人です。

(2) My uncle is a sushi chef. (　He　His　Him　) sushi is very good.
わたしのおじはすし職人です。彼のすしはとてもおいしいです。

(3) Look at that tall man. I often see (　he　his　him　) here.
あの背の高い男性を見て。わたしはよくここで彼を見かけます。

 **おぼえよう！**

「～は」「～の」「～を」「～のもの」の形（人称代名詞）をおぼえましょう。単数（1人）と複数（2人以上）で形がちがいます。特に色のついた語が大事です。

［単数（1人）］

	～は	～の	～を	～のもの
わたし	I	my	me	mine
あなた	you	your	you	yours
彼	he	his	him	his
彼女	she	her	her	hers
それ	it	its	it	—

［複数（2人以上）］

	～は	～の	～を	～のもの
わたしたち	we	our	us	ours
あなたたち	you	your	you	yours
彼（女）たち／それら	they	their	them	theirs

「複数」の例

John has two dictionaries.　He uses them at school.

ジョンは辞書を2冊持っています。彼は学校でそれらを使っています。

「～のもの」の例

Whose book is this? ― It's mine.

これはだれの本ですか。― それはわたしのものです。

> Kelly's は Kelly's notebook「ケリーのノート」という意味。

Is this notebook yours? ― No, it's not mine.　It's Kelly's .

このノートはあなたのものですか。

―いいえ、それはわたしのものではありません。それは ケリーのもの です。

 英語を聞こう！ & 音読しよう！ 🔊 12

Let's TRY

1

Mr. Wilson （　　　） science at our school.

1　teach　　　2　teaches　　　3　teaching　　　4　to teach

2

A: （　　　） is that girl?
B: She's my classmate Mayumi.

1　Whose　　　2　How　　　3　Why　　　4　Who

3

Ryuji, (   ) eat in this room.

1　isn't　　　2　not　　　3　don't　　　4　no

4

A: Is this ruler (   )?
B: No, it's Karen's.

1　her　　　2　us　　　3　him　　　4　yours

1. ときかた

Mr. Wilson（　　　）science at our school.

1　teach　　2　teaches　　3　teaching　　4　to teach

主語はMr. Wilsonで、これは人の名前ね。主語がIでもなくyou
でもない1人（単数）のとき、動詞に(e)sがつくの。主語がHe
かSheかItで置きかえられたらsがつくとおぼえておくといいよ。
teachはesがついて、teachesとなるの。だから、2が正解ね。

Mr. WilsonのMr.は男性を表すよ。女性ならMs.で、結婚している女性
にはMrs.が使われることもあるよ。

- -

訳：「ウィルソン先生は、わたしたちの学校で理科を教えています」

（正解　2）

動詞にsがつくか、esがつくかはおぼえていなくても選択肢から選べるん
だけど、haveはhasという変わった形になるから知っておいてね。

（例）Mary has many comic books.
　　　メアリーはたくさんのマンガ本を持っています。

080

2. ときかた

A: (　　　) is that girl?
B: She's my classmate Mayumi.

1　Whose　　2　How　　3　Why　　4　Who

文のはじめに（　）があって、選択肢を見ると疑問詞の問題だとわかるね。

疑問詞を問う問題は返事の内容がポイントよ。Bは「彼女はわたしのクラスメートのマユミです」と答えているね。つまり「だれ」なのかを聞かれていると考えられるので、Who is ～?「～はだれですか」が正解。

選択肢3のWhyは「なぜ」という意味。5級の筆記1ではあまり問われないけど、選択肢に出てくるから意味を知っておこう。

- -

訳：A「あの女の子はだれですか」
　　B「彼女はわたしのクラスメートのマユミです」
　　1「だれの」　2「どう、どのように」　3「なぜ」　4「だれ」

（正解　4）

次の2つはややこしいから整理しておこう。

人物（だれ）を答えている ⇒ Who is ～? ～はだれですか。
所有者（だれのもの）を答えている ⇒ Whose ～ is this? これはだれの～ですか。

3. ときかた

Ryuji, （　　　） eat in this room.

1　isn't　　2　not　　3　don't　　4　no

文のはじめは「Ryuji,」という人の名前とコンマ（,）だね。これはRyujiを呼びかける表現だから、Ryujiはこの文の主語ではないの。これは、主語がなくて「〜しなさい」とお願い・注意する文だよ。Ryujiが主語だと考えてisn'tを入れないように気をつけてね。

「〜しなさい」の文は動詞の原形（もとの形）から始めるのだけど、この文には動詞の原形eatがあるよね。これは「〜をしてはいけません」という意味の文で、「don't＋動詞」で表すのよ。don'tが正解。

‐ ‐

訳：「リュウジ、この部屋では食べてはいけません」

（正解　3）

この文にpleaseが入るとどうなるかわかるかな？　並べかえ問題で出題されてもいいように、語順を確認しておこう。

Ryuji, <u>don't</u> eat in this room.
リュウジ、この部屋では食べてはいけません。

Ryuji, please <u>don't</u> eat in this room.
リュウジ、この部屋では食べないでください。

4. ときかた

A: Is this ruler（　　　）?
B: No, it's Karen's.

1　her　　2　us　　3　him　　4　yours

Aは「この定規は〜ですか」という文だよ。Aに（　　）がある
ときは、必ずBの返事の内容を確認しよう。

Bは「いいえ、それはカレンのものです」と答えているね。
Karen'sは「カレンのもの＝カレンの定規」という意味。このBの返事から、
yours「あなたのもの」を入れると、「この定規はあなたの？」→「ちが
うよ、カレンのだよ」と会話が成りたつね。yoursが正解。

- -

訳：A「この定規はあなたのものですか」
　　B「いいえ、それはカレンのものです」
　　1「彼女の、彼女を」　2「わたしたちを」　3「彼を」　4「あなたのもの」

（正解　4）

 Bのitはthis ruler「この定規」をさしているよ。このように、英文を読む
ときは、it、they、themが何のことかを考えながら読むくせをつけよう。

John has a dictionary.　He uses it at school.
ジョンは辞書を1冊持っています。彼はそれ（＝1冊の辞書）を学校で使っています。

John has two dictionaries.　They are at school.
ジョンは辞書を2冊持っています。それら（＝2冊の辞書）は学校にあります。

英語を聞こう！ ＆ 音読しよう！ 🔊 13

筆記 2　会話文の文空所補充

ほ じゅう

筆記２の出題形式

筆記２は、２人の会話を読んで、空所に合う文や語句を選ぶ問題です。会話のやりとりは１回（A—B）です。

●サンプル問題●

Girl 1: Mari, I can't play tennis with you this Sunday. Sorry.
Girl 2: (   )

1   That's all right.   2   It's July 20.   3   Every day.   4   Yes, I am.

筆記２は、このような問題が５問あります。目安となる解答時間は７分です。

 筆記１と似ているけど、選択肢が長くなった？

 そうなの。筆記２は、ぜんぶ会話の問題だよ。１つ１つの単語や熟語の意味ではなく、会話の流れを理解できるかがポイントになるよ。

筆記１でも会話のやりとりが出ましたが、それはあくまで単語や熟語の意味を知っているかを試す問題です。筆記２は、選択肢が語句や文になり、会話の流れを理解する必要があります。

 たとえば、上のサンプル問題では、Sorry「ごめんね」とあやまる女の子１に対し、女の子２の受け答えとして、１の That's all right.「いいのよ」が正解になるのよ。

〈サンプル問題の訳・答え〉
　女の子１「マリ、今度の日曜日、あなたとテニスができないの。ごめんね」
　女の子２「いいのよ」
　１「いいのよ」　２「７月20日よ」　３「毎日」　４「うん、そうだよ」　　　　　　　（正解　１）

だれとだれの会話なの?

　会話をする２人の関係は、男性と女性（Boy—Girl／Man—Woman）、女の子２人（Girl 1—Girl 2）、親子（Boy—Mother など）、生徒と先生（Student—Teacher）などのパターンがあります。この部分を見ると、だれが会話をしているかを想像しながら読むことができます。

どんな内容の会話が出るの?

　筆記１の会話の問題と同じように、ものの場所や長さ、好きなもの、出身地、ふだんの行動などについてたずね、それに答える会話があります。そのほかに、日常のあいさつや、相手を誘ったり相手の持ち物をほめたりする会話があります。

会話の内容を理解するには会話表現をおぼえたほうがよさそうだね！

 確認しよう!

　会話文を読むには会話表現をたくさん知っていることが重要です。会話表現を知っていると、このあとの筆記３やリスニングにも役に立ちます。５級で出る会話文の例をあげますので、音声を聞いて、声に出して読む練習もしましょう。

【質問する】

☐ Where's my bag?	わたしのかばんはどこですか。
☐ When do you study English?	あなたはいつ英語を勉強しますか。
☐ What do you do on Sundays?	あなたは日曜日に何をしますか。
☐ How long is the movie?	映画はどのくらいの長さですか。
☐ How much is this cup?	このカップはいくらですか。
☐ How old is your brother?	あなたの兄［弟］は何歳ですか。
☐ How many cats do you have?	あなたはネコを何匹飼っていますか。

☐**Are you ready for dinner?**　　　夕食の準備はできましたか。

　— ☐**Yes, I am.**　　　　　　　はい、できました。

　— ☐**No, I'm not.**　　　　　　いいえ、できていません。

☐**Do you have any pets?**　　　あなたはペットを飼っていますか。

　— ☐**Yes, I do.**　　　　　　　はい、飼っています。

　— ☐**No, I don't.**　　　　　　いいえ、飼っていません。

☐**Is this your umbrella?**　　　これはあなたのかさですか。

　— ☐**Yes, it is.**　　　　　　　はい、そうです。

　— ☐**No, it's not.**　　　　　　いいえ、ちがいます。

 Is this ～?、Are you ～、Do you ～?のような疑問文と、Yes/Noを使った答えかたの基本形を復習しよう。

【お願いする・誘うなど】

☐**Can you open the window?**　　　窓を開けてもらえますか。

☐**Can I open the window?**　　　窓を開けてもいいですか。

☐**Let's go fishing.**　　　　　釣りに行きましょう。

☐**Can we go hiking tomorrow?**　　明日、わたしたちはハイキングに行けますか。

☐**It's time for dinner.**　　　　夕食の時間です。

【あいさつ】

☐**Good morning.**　　　　　　おはよう。

☐**Goodbye. / Bye.**　　　　　さようなら。

☐**See you.**　　　　　　　　またね。

☐**See you on Monday.**　　　　月曜日に会いましょう。

☐**Have a good weekend.**　　　よい週末を。

☐**Nice to meet you.**　　　　はじめまして。

☐**Excuse me.**　　　　　　　すみません。（声をかけるとき）

【返事】

☐ **All right.**	わかりました。
☐ **That's right.**	そのとおりです。
☐ **You're right.**	あなたの言う通りです。
☐ **Me, too.**	わたしも。
☐ **Good idea.**	いい考えですね。
☐ **Of course.**	もちろん。
☐ **I don't know.**	わかりません。
☐ **I'm coming.**	今行きます。
☐ **Here you are.**	はい、どうぞ。（物を渡すとき）
☐ **Yes, please.**	はい、お願いします。

【返事とセットでおぼえよう】

☐ **I'm sorry.**	すみません。
— ☐ **That's all right. [It's OK.]**	いいんですよ。
☐ **Thank you.**	ありがとう。
— ☐ **You're welcome.**	どういたしまして。
☐ **How are you today?**	今日は元気ですか。
— ☐ **I'm fine.**	元気です。
☐ **Bye.**	さようなら。
— ☐ **See you.**	またね。

【決まった形の質問】　※筆記3の並べかえ問題で出ることもあります

☐ **What day is it today?**	今日は何曜日ですか。
— ☐ **It's Monday.**	月曜日です。
☐ **What's the date today?**	今日は何日ですか。
— ☐ **It's July 1.**	7月1日です。

 英語を聞こう！ & 音読しよう！ 🔊 14

ポイント **会話のやりとりを完成させよう！**

線で結んで、会話を完成させましょう。

(1) What do you do on Sundays?　　・　　・Two hours.

(2) Thank you.　　・　　・Yes, I am.

(3) How long is the movie?　　・　　・Before breakfast.

(4) Are you a new student?　　・　　・I play soccer.

(5) When do you do your homework?　・　　・Good idea.

(6) Let's go hiking tomorrow.　　・　　・You're welcome.

How long 〜? には「長さ」、When 〜? には「いつ」を答えるんだったね。

答え

(1) What do you do on Sundays?
日曜日は何をしますか。
― サッカーをします。

(2) Thank you.
ありがとう。
― どういたしまして。

(3) How long is the movie?
映画の長さは？
― 2時間です。

(4) Are you a new student?
あなたは新しい生徒ですか。
― はい、そうです。

(5) When do you do your homework?
あなたはいつ宿題をしますか。
― 朝食前に。

(6) Let's go hiking tomorrow.
明日、ハイキングに行きましょう。
― いい考えですね。

Two hours.

Yes, I am.

Before breakfast.

I play soccer.

Good idea.

You're welcome.

選択肢のうち、Two hours. と Before breakfast. と Good idea. の共通点はわかるかな？　どれも「主語＋動詞」がないよね。このように、会話では、「主語＋動詞」を省略して、短く表すことが多いのよ。

🎧 **英語を聞こう！ & 音読しよう！** 🔊 15

Let's TRY

（　　）に入る適切なものを選んで、○をつけましょう。

1

> *Boy:* Are you a junior high school student?
> *Girl:* (　　　　)
>
> 1　Yes, I am.　　　　2　Yes, I do.
> 3　Yes, it is.　　　　4　Yes, I can.

2

> *Boy:* Where are my P.E. shoes, Mom?
> *Mother:* (　　　)
>
> 1　Yes, they are.　　　2　On your bed.
> 3　Every Monday.　　　4　I like sports.

3

Teacher: Please be quiet in the library, Jim.

Student: (　　) Ms. Brown.

1　See you tomorrow,　　2　It's mine,

3　Yes, please,　　　　　4　I'm sorry,

4

Woman: How long is that bridge?

Man: Sorry, (　　)

1　it's by the river.　　2　I'm fine.

3　I don't know.　　　　4　good idea.

1. ときかた

Boy: Are you a junior high school student?
Girl: (　　　)

1　Yes, I am.	2　Yes, I do.
3　Yes, it is.	4　Yes, I can.

男の子が Are you ～?「あなたは～ですか」と聞いているね。
Are you ～?と聞かれたら Yes, I am. または No, I'm not. のように、I と am を使って答えるんだよ。だから、答えは1ね。
junior high school student は「中学生」、high school student は「高校生」だよ。

この問題は超基本の形だったけど、たとえば、Is this your pen?「これはあなたのペンですか」と聞かれて、Yes, it's mine.「はい、それはわたしのです」と答えるパターンもあるよ。

- -

訳：男の子「あなたは中学生ですか」
　　女の子「はい、そうです」
　　1「はい、そうです」　2「はい、そうです」
　　3「はい、そうです」　4「はい、できます」

（正解　1）

疑問文とその答えかたを整理しよう。

Are you ～?　あなたは～ですか。 ― Yes, I am. / No, I'm not.
Do you ～?　あなたは～しますか。 ― Yes, I do. / No, I don't.
Is this ～?　これは～ですか。 ― Yes, it is. / No, it's not.

4. ときかた

> ***Woman***: How long is that bridge?
> ***Man***: Sorry, (　　　)
>
> 1　it's by the river.　　2　I'm fine.
> 3　I don't know.　　　 4　good idea.

How long ～?はものの長さや時間・期間をたずねる表現だった
よね。ここでは、女性はbridge「橋」の長さをたずねているよ。
でも、男性は、It's ○ meters.「○メートルです」のような「長さ」
は答えず、Sorryとあやまっているね。これは長さを知らないか
らだと考えると、I don't know「知りません」が合うね。

このように、長さを聞かれて長さを答える、といったパターンではない場
合もあるので、知っておこう。

- -

訳：女性「あの橋はどれくらいの長さですか」
　　男性「すみませんが、知りません」
　　1「それは川のそばです」　2「わたしは元気です」
　　3「知りません」　　　　　4「いい考えですね」　　　　（正解　3）

選択肢の2 I'm fine.と4 Good idea.の基本的なやりとりも見ておこう。

How are you? ― I'm fine.　お元気ですか。― 元気です。
Let's go shopping tomorrow. ― Good idea.　明日、買い物に行こう。― いいね。
Can we go camping on Sunday, Dad? ― Good idea.
お父さん、日曜日キャンプに行ける? ― いいね。
※Let's ～やCan we ～?は誘う表現で、Good idea.はその誘いに応じる表現。

 英語を聞こう！ & 音読しよう！ 🔊 16

筆記 3　日本文付き短文の語句整序

筆記３の出題形式

　筆記３は、日本語を読んで、（　　）の中の語句を並べかえて、英文を完成させる問題です。

●サンプル問題●

わたしの弟は10歳^{さい}です。

My brother （ ① ten 　 ② is 　 ③ years 　 ④ old ）.

	1番目		3番目	

My brother 　□　　□　　□　　□ .

1　①—④　　2　②—④　　3　③—①　　4　②—③

　筆記３は、このような問題が５問あります。目安となる解答時間は５分です。（残りの３分で見直しをしましょう。）

　日本文の意味を表すように、①〜④の語を □ にあてはめていき、1番目と3番目の番号（①〜④）の組み合わせとして合うものを１〜４から選びます。

 ん？　ちょっとややこしそうだな…。問題形式に慣^なれないといけないね。

 文法^{ぶんぽう}は筆記１ですごくがんばったのに、またやるの〜⁉

 だいじょうぶ。ここまでの文法が理解^{りかい}できていたらほとんどの問題がとけるから。これまでにおぼえた熟語^{じゅくご}や会話表現^{ひょうげん}も出るから、思いだしながら進めましょう！

〈サンプル問題の完成文・答え〉　My brother is ten years old.
②①③④　（正解^{せいかい}　4）

100

どんな対策をしたらいいの?

　筆記3の並べかえ問題は、単語や熟語の意味を知っているだけでなく、英語の語順が正しく理解できているかが最大のカギです。全5問のうち、疑問文が毎回出るので（多いときで5問中、4問！）、疑問文の語順をしっかりとおさえましょう。並べかえる語句は書かれているので、筆記1のように動詞の形で悩むことはありません。語順がポイントです。

　筆記3は答えをマークするまでの手順が複雑なので、次の手順でといていこう。

1.　日本語をサッと読んで、大まかな意味をとらえる。
2.　□□の前後にある語句を見て、文の意味が通るように（　　）内の語句を□□に入れていく。このとき、番号（①〜④）ではなく、英語を書き入れる。
3.　できあがった英文が日本文の意味と合っているか確認する。
4.　1番目と3番目の番号（①〜④）を見て、その組み合わせを選択肢からさがす。
5.　正しい選択肢の番号（1〜4）を解答用紙にマークする。

この手順どおりに練習して、慣れていこう！

問題の日本文は重要なの?

　問題の指示文に「日本文の意味を表すように」とあります。まず、日本文を読んでから英文をつくりはじめましょう。日本語には主語がないなど、日本語を1語ずつ英語に直しても成り立たない（直訳できない）こともよくあるので、日本文は大まかな意味をとらえる程度に読みましょう。

 **おぼえよう！**

　筆記3で出やすい表現をおぼえましょう。筆記1・2で学んだ表現もあります。
忘れたものがあれば、思いだしましょう。

□ **come to ~**	～に来る
□ **get up**	起きる
□ **go to bed**	寝る
□ **a lot of**	たくさんの
□ **from A to B**	AからBまで
□ **at home**	家で
□ **at school**	学校で
□ **every day**	毎日
□ **over there**	向こうに、あそこに
□ **am[is, are] from ~**	～出身だ
□ **~ year(s) old**	～歳
□ **How long is[are] ~?**	～はどのくらいの長さですか。
□ **How much is[are] ~?**	～はいくらですか。
□ **How old is[are] ~?**	～は何歳ですか。
□ **How many ~?**	何個の～
□ **What time ~?**	何時に～
□ **Which ~?**	どちらの［どの］～
□ **Can you ~?**	あなたは～できますか。
□ **Can you ~?**	～してくれませんか。
□ **Can I ~?**	～してもいいですか。
□ **What's the date today?**	今日は何日ですか。
□ **What day of the week is it today?**	今日は何曜日ですか。

> Can you ～? は意味が
> 2つあるんだね！

　※ What day is it today? とも言う。主語のitは「時」を表す。

□ **It's time for ~.**	～の時間です。
□ **Nice to meet you.**	お会いできてうれしいです。
□ **Thank you for ~**	～をありがとう。

①主語がItの文 (非人称のit)

　筆記1で学んだ主語がitの文をもう少しくわしく学びましょう。「それ」という意味ではないItです。先に日本文を見てから英語を見て、くらべてみましょう。

【天気を表すit】

> 京都は今日は晴れです。
> It is sunny in Kyoto today.

> 日本語は「〜は」が2つあるけど、英語の主語はどうしたらいいの？

　天気や暑い・寒いなどを伝えるとき、主語にitを使います。日本語ではこの文のように主語が2つある表現ができますが、英語では主語は1つです。英文を見ると、主語は「京都」Kyotoでも「今日」todayでもなく、Itですね。

【時を表すit】

> サヤカ、夕食の時間ですよ。
> Sayaka, it's time for dinner.

> この日本文には主語がないよ？

　日本語は主語を言わないことがよくありますが、英語では主語が必要です。Sayakaは呼びかけで、そのあとのitが主語です。It's time for 〜で「〜の時間です」という意味です。

> It's ten o'clock.「(今) 10時です」や、
> It's July 1.「7月1日です」なども、時を表すitよ。

　Itではじまる文ではないですが、もう1つ日本文と英文で主語がちがう例を見てみましょう。次の日本文の主語は「公園が」なのに、英語の主語はThis townですね。

> この町には大きな公園がいくつかあります。
> This town has some big parks.

　これらの例からもわかるように、日本文は英文の「直訳」ではないことがあるの。筆記3では、日本文の主語と述語にまどわされず、英文の構造を知り、英文をつくる力が試されるのよ。

② 名詞のカタマリをつくる

　筆記3は語順が大事だと話しましたね。英文をつくるときに、「名詞を中心としたカタマリ」がポイントになる場合があります。日本語と語順がちがうことがあるので、英語の表現に慣れることが大事です。

　本書では、次の3つの点で語を並べかえる練習をします。

> 1．a[an, the]＋形容詞＋名詞
> 2．名詞＋of＋名詞
> 3．前置詞＋名詞

ポイント 「a[an, the]＋形容詞＋名詞」をつくろう！

日本文の意味を表すように、（　　）内の語を ☐ に書き入れましょう。

大都市に住む

（　big　city　a　）

live in ☐ ☐ ☐
　　↑

live in ～は「～に住む」なので、「大都市」の部分をつくります。

> 「大都市」→「大きな都市」と
> 考えよう。

答え

live in a big city　大都市に住む

教える方へ：実際の試験の解答は英語を書くのではなく4つの選択肢から選ぶのですが、問題を解く際に問題用紙に英語を書き込むことで完成した文が自分で読めるので、練習のときも英語を書くことをおすすめします。書く作業は3級からはじまる英作文問題の対策にもつながります。

ポイント 「名詞＋of＋名詞」をつくろう！

日本文の意味を表すように、（　）内の語を ☐ に書き入れましょう。

A of Bで「BのA」。日本語と順番が
ちがうね。my family というカタマ
リもつくれたかな？

わたしの家族の写真

（　my　of　a picture　）family

☐☐☐ family

答え

a picture of my family　わたしの家族の写真

ポイント 「前置詞＋名詞」をつくろう！

日本文の意味を表すように、（　）内の語を ☐ に書き入れましょう。

(1)　わたしの部屋で勉強する

（　my　in　study　）room

☐☐☐ room

in my room、for the school trip
で１つのカタマリだよ。

(2)　修学旅行用にバッグが必要だ

（　for　a bag　need　）the school trip

☐☐☐ the school trip

答え

(1)　study in my room　わたしの部屋で勉強する

(2)　need a bag for the school trip　修学旅行用にバッグが必要だ

Let's TRY

まず1と2では、選択肢はなしで、英文を完成させて番号を特定する練習をします。①～④の語句を並べかえて、□□□に書き入れましょう。そして、1番目と3番目にくるものの番号（①～④）を下の（　　）に書きましょう。

1

> わたしたちのテニスコーチは佐藤先生です。
>
> （　①　coach　　②　our　　③　is　　④　tennis　）
>
> | 1番目 | | 3番目 | | |
> |---|---|---|---|---|
> | | | | | Mr. Sato. |
>
> 1番目（　　　　）　3番目（　　　　）

2

> あなたは、毎朝何時に起きますか。
>
> （　①　do　　②　get　　③　you　　④　what time　）
>
> | 1番目 | | 3番目 | | |
> |---|---|---|---|---|
> | | | | | up every morning? |
>
> 1番目（　　　　）　3番目（　　　　）

次に3と4では、<u>1番目と3番目にくるものの番号の組み合わせとして適切なも</u>のを、選択肢の1〜4から選んで、○をつけましょう。

3

アンは、毎日朝食前にジョギングに行きます。

(① jogging   ② goes   ③ before   ④ breakfast)

1番目　　　　**3番目**

Ann [   ] [   ] [   ] [   ] every day.

1　④—②　　　2　②—③　　　3　①—②　　　4　③—①

4

窓を開けてもいいですか。

(① the window   ② open   ③ can   ④ I)

1番目　　　　**3番目**

[   ] [   ] [   ] [   ] ?

1　②—①　　　2　④—③　　　3　①—②　　　4　③—②

1. ときかた

わたしたちのテニスコーチは佐藤先生です。
（ ① coach ② our ③ is ④ tennis ）

1番目　　　　　**3番目**

☐　☐　☐　☐　Mr. Sato.

1番目（　　　）　3番目（　　　）

最初に日本文を読むのよ。意味はつかめた？　「～は…です」の
文だね。主語は「わたしたちのテニスコーチは」で、「テニスコー
チ」は①と④を組み合わせて tennis coach だね。「わたしたちの」
は our だから、「わたしたちのテニスコーチ」は Our tennis
coach となるよ。これが英文の主語ね。

次に、主語のあとには動詞がくるんだったね。「です」を表す is をつづけ
るよ。4つの☐に Our tennis coach is を書き入れよう。あとの Mr.
Sato にうまくつながった？　Our tennis coach is Mr. Sato. で文は完成！

でも、ここで終わらないで。4つの☐に入った語が何番かを見て、①②
③④の番号を（　　　）に書き入れよう。

- -

完成文：Our tennis coach is Mr. Sato.　②④①③
（正解　1番目　②　3番目　①）

この文のように、主語がちょっと長い文もあるよ。「です」
や「します」を表す動詞が文のどこにくるかがポイント！

108

2. ときかた

あなたは、毎朝何時に起きますか。

(① do ② get ③ you ④ what time)

1番目		3番目	

up every morning?

1番目 (　　　) 3番目 (　　　)

この問題では疑問文の語順をたしかめるよ。日本文を見ると、「あなたは何時に～しますか」の疑問文だね。「何時に～」はWhat timeではじまるんだったね。④にwhat timeがあるから、1つめの□にWhat timeの2語を入れよう。

次に、疑問文では主語の前にisやdoがくるよ。ここでは主語はyou「あなた」なので、2つめの□にdoを、3つめの□にyouを入れよう。

「起きる」はget upという表現だったよね。残ったgetを4つめの□に入れたら、うしろのupとつながるね。これで文はWhat time do you get up every morning?となり、完成！

完成したら、念のため、日本文の意味と合っているか、たしかめよう。

- -

完成文：What time do you get up every morning? ④①③②

(正解　1番目 ④　3番目 ③)

（　　）内の語句は、文のはじめにくる文字も小文字で書かれているんだね！

筆記3

109

3. ときかた

アンは、毎日朝食前にジョギングに行きます。
(① jogging ② goes ③ before ④ breakfast)

1番目 **3番目**

Ann [ ] [ ] [ ] [ ] every day.

1 ④—② 2 ②—③ 3 ①—② 4 ③—①

「前置詞＋名詞」をふくむ文の問題だよ。日本文を見ると、この
問題は「〜は…します」の文だとわかるね。主語は「アン」で、
英文もAnnではじまっている。日本文では、その後に「毎日」
がきているけど、英語では主語のあとに動詞がくるんだったよね。
動詞をさがすと、日本文の「ジョギングに行きます」が動詞部分だとわか
るから、1つめと2つめの□にgoes joggingを入れよう。

「毎日」は文の最後にevery dayがあるから、残っている「朝食前に」を
表す言葉を考えるよ。beforeは「〜の前に」という意味で、before
breakfastというカタマリになるよ。これでAnn goes jogging before
breakfast every day.となり、完成！

選択肢の見方はわかったかな？　1番目の□は②のgoes、3番目の
□は③のbeforeだから、組み合わせとして2の②—③ が正解よ。

- -

完成文：Ann goes jogging before breakfast every day.　②①③④

（正解　2）

「毎日 朝食前に」という日本語が、英語ではbefore breakfast every day
と順番が逆になっているね。でも、every dayが文の最後にあるから、こ
こで悩まなくても問題はとけるね！

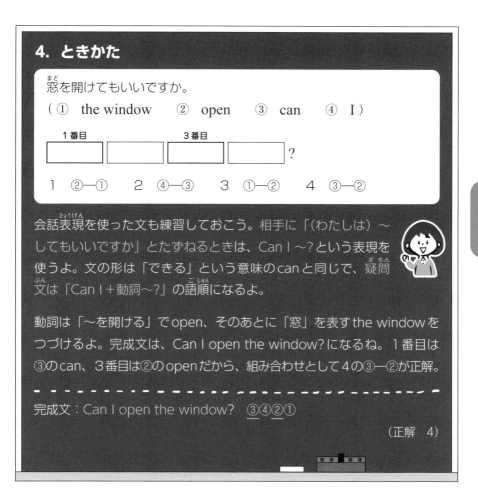

4. ときかた

窓(まど)を開けてもいいですか。

(① the window   ② open   ③ can   ④ I)

1番目		3番目	

?

1　②—①　　　2　④—③　　　3　①—②　　　4　③—②

会話表現(ひょうげん)を使った文も練習しておこう。相手に「(わたしは)〜してもいいですか」とたずねるときは、Can I 〜?という表現を使うよ。文の形は「できる」という意味のcanと同じで、疑問(ぎもん)文(ぶん)は「Can I ＋動詞〜?」の語順(ごじゅん)になるよ。

動詞は「〜を開ける」でopen、そのあとに「窓」を表すthe windowをつづけるよ。完成文は、Can I open the window?になるね。1番目は③のcan、3番目は②のopenだから、組み合わせとして4の③—②が正解。

- -

完成文：Can I open the window?　③④②①

(正解　4)

 canの疑問文を3パターン確認(かくにん)しよう。リスニングの会話でも出てくるよ。

Can I open the window?「窓を開けてもいいですか」→開けるのは I「わたし」
Can you open the window?「窓を開けてくれませんか」→開けるのは you「あなた」
Can you speak Chinese?「あなたは中国語を話せますか」 ※「〜できる」のcan

 英語を聞こう！ & 音読しよう！ 🔊 17

練習しよう！《筆記》

これまでに学んだポイントととき方を復習しながら、本番形式の問題に挑戦します。

 番号をぬりつぶす練習もしよう。

筆記1：単語問題

（　　）に入れるのに最も適切なものを1，2，3，4の中から一つ選び、その番号をマークしなさい。

(1) （　　　　） is the seventh month of the year.

　　1　May　　　　　2　June　　　　　3　July　　　　　4　August

　　　　　　　　　　　　　　　　　　　　　　　　　　　　① ② ③ ④

(2) Peter likes sports and he can （　　　　） very fast.

　　1　sleep　　　　　2　run　　　　　3　open　　　　　4　know

　　　　　　　　　　　　　　　　　　　　　　　　　　　　① ② ③ ④

(3) A: Where is my school bag, Mom?
　　B: It's （　　　　） the TV.

　　1　by　　　　　2　to　　　　　3　about　　　　　4　for

　　　　　　　　　　　　　　　　　　　　　　　　　　　　① ② ③ ④

(4) A: What do you have for breakfast, Bill?
　　B: I usually have（　　　　）and milk.

　　1　school　　　　2　cup　　　　　3　homework　　4　bread

① ② ③ ④

(5) A: Do you like music, Amy?
　　B: Yes, I do. I play the（　　　　）every day.

　　1　tennis　　　　2　piano　　　　3　park　　　　4　lesson

① ② ③ ④

(6) Sophia likes books. She often goes to the（　　　　）after school.

　　1　door　　　　2　art　　　　　3　name　　　　4　library

① ② ③ ④

(7) A: Your hat is（　　　　）.
　　B: Thank you. This is my favorite one.

　　1　cold　　　　2　busy　　　　3　pretty　　　　4　hungry

① ② ③ ④

(8) My grandfather lives in Sydney. It's a nice（　　　　）.

　　1　city　　　　2　doctor　　　　3　present　　　　4　textbook

① ② ③ ④

練習しよう！

筆記

113

答えと解説

---

(1) **正解　3**

　訳　「7月は1年の7番目の月です」
　　　　1「5月」　2「6月」　3「7月」　4「8月」

　解説　何月かを問う問題。seventhは「7番目の」という意味なので、July「7月」が正解です。June「6月」とつづりをまちがえやすいので注意しましょう。

---

(2) **正解　2**

　訳　「ピーターはスポーツが好きで、彼はとても速く走ることができます」
　　　　1「眠る」　2「走る」　3「開く」　4「知っている」

　解説　文のはじめの部分でピーターは「スポーツが好き」だとわかります。（　　）の前のcanは「～できる」という意味で、そのあとの動詞が問われています。スポーツが好き→とても速く「走る」と考えて、runが正解です。

---

(3) **正解　1**

　訳　A：「ぼくの通学かばんはどこ、お母さん？」
　　　　B：「テレビのそばにあるよ」
　　　　1「～のそばに」　2「～へ」　3「～について」　4「～のために」

　解説　Where is ～?は「～はどこですか」という意味で、Aは通学かばん（school bag）をさがしています。Momは母親への呼びかけです。母親は通学かばんのある「場所」を答えていると考えて、by the TV「テレビのそばに」とします。

---

(4) **正解　4**

　訳　A：「朝食には何を食べるのですか、ビル？」
　　　　B：「たいてい、パンと牛乳です」
　　　　1「学校」　2「カップ」　3「宿題」　4「パン」

　解説　Aが朝食に食べるものをたずねています。このhaveは「～を食べる」という意味です。（　　）のあとにmilk「牛乳」という飲み物があるので、（　　）には食べ物のbread「パン」が合います。

(5) **正解　2**

訳	A：「音楽は好きですか、エイミー？」

　　　　　B：「はい、好きです。わたしは毎日、ピアノをひきます」

　　　　　1「テニス」　2「ピアノ」　3「公園」　4「レッスン」

解説	music「音楽」が好きかと聞かれて、Yes, I do.「好きです」と答えています。

play は「(楽器)を演奏する」という意味なので、piano「ピアノ」が正解です。音楽
→楽器のつながりを確認しましょう。

(6) **正解　4**

訳	「ソフィアは本が好きです。彼女はよく、放課後に図書館へ行きます」

　　　　　1「ドア」　2「芸術、美術」　3「名前」　4「図書館」

解説	(　　)の前の go to ～は「～へ行く」という意味なので、(　　)には「場

所」を表す語が入ると考えられます。1文目で books「本」が好きと言っているので、
よく行く場所は library「図書館」です。

(7) **正解　3**

訳	A：「あなたの帽子、かわいいですね」

　　　　　B：「ありがとう。これはわたしのお気に入りの帽子です」

　　　　　1「寒い、冷たい」　2「忙しい」　3「かわいい」　4「おなかがすいた」

解説	AがBの帽子について何か言っています。BがThank you. とお礼を言って

いることから、AはBの帽子をほめていると想像できます。pretty「かわいい」が正解
です。my favorite one の one は hat のことです。

(8) **正解　1**

訳	「わたしの祖父はシドニーに住んでいます。そこはすてきな都市です」

　　　　　1「都市」　2「医者」　3「プレゼント」　4「教科書」

解説	1文目で祖父の住む場所を伝えています。2文目の It は Sydney「シドニー」

のことなので、city「都市」を入れて、a nice city「すてきな都市」とします。
Sydney を知らなくても、「live in ＋場所」「～に住む」から、Sydney が場所であるこ
とがわかればとけます。

😮 英語を聞こう！ ＆ 音読しよう！🔊 18

（　　）に入れるのに最も適切なものを 1，2，3，4 の中から一つ選び、その番号をマークしなさい。

(1)　A: (　　　　) at that girl, Mom.
　　　B: She's very cute.

　　　1　Look　　　　2　Help　　　　3　Go　　　　4　Do

　　　　　　　　　　　　　　　　　　　　　　　① ② ③ ④

(2)　This train goes from Osaka (　　　　) Nagoya.

　　　1　in　　　　　2　of　　　　　3　up　　　　　4　to

　　　　　　　　　　　　　　　　　　　　　　　① ② ③ ④

(3)　My grandmother (　　　　) jogging before breakfast.

　　　1　has　　　　2　cooks　　　　3　goes　　　　4　watches

　　　　　　　　　　　　　　　　　　　　　　　① ② ③ ④

(4) A: How （　　　） is your piano lesson?
B: It's one hour.

1　hot　　　　　2　long　　　　　3　old　　　　　4　big

①②③④

(5) A: Please come in and （　　　） down, Jack.
B: OK, Mr. Brown.

1　sit　　　　　2　listen　　　　　3　run　　　　　4　play

①②③④

(6) Sally goes to school by bike （　　　） day.

1　on　　　　　2　for　　　　　3　every　　　　　4　after

①②③④

答えと解説

(1) **正解** **1**

訳	A：「あの女の子を見て、お母さん」

B：「とてもかわいいね」

1「見る」 2「～を手伝う」 3「行く」 4「(～を) する」

解説	Look at ～で「～を見る」という意味です。(　　) atの部分と選択肢を見るだけでLookかな？とすぐわかりそうですね。念のため、会話全体をざっと読んでLook at ～が自然かどうかをたしかめましょう。

(2) **正解** **4**

訳	「この電車は大阪から名古屋へ行きます」

1「～に [で]」 2「～の」 3「上へ」 4「～へ」

解説	This trains goes「この電車は行く」のあとのfrom「～から」に着目します。そのあとOsaka、Nagoyaという地名があるので、from A to B「AからBへ」とすると意味がとおります。このように、離れた語といっしょに熟語をつくることもあるので、(　　) の前後だけで判断しないようにしましょう。

(3) **正解** **3**

訳	「わたしの祖母は朝食前にジョギングをしに行きます」

1「～を持っている」 2「料理する」 3「行く」 4「見る」

解説	go joggingで「ジョギングをしに行く」という意味です。goesはgoにesがついた形です。cook ⇒ cooksのようにsだけつく動詞もあれば、go→goes、watch→watchesのようにesがつくもの、have→hasのようにちがう形になるものがあることを知っておきましょう。

(4) **正解　2**

| 訳 | A：「ピアノのレッスンはどのくらいの長さですか」 |

　　　B：「1時間です」

　　　1「暑い、熱い」　2「長い」　3「古い」　4「大きい」

| 解説 | How（　　）〜?の問題ではBの返事の内容がポイントになります。one

hourは「1時間」という意味で、これはレッスンの長さです。よって、How long 〜?

「どれくらいの長さ〜」が正解です。時間の長さだけでなく、It's one meter.「1メー

トルです」のように、物の長さについて出題されることもあります。

(5) **正解　1**

| 訳 | A：「どうぞ中に入って座って、ジャック」 |

　　　B：「わかりました、ブラウン先生」

　　　1「座る」　2「聞く」　3「走る」　4「遊ぶ」

| 解説 | Please 〜「〜してください」とジャックに指示しています。come inは「（部

屋など）に入る」という意味です。（　　）のあとのdownに注目して、sit down「座

る」が正解です。stand up「立ち上がる」とセットでおぼえておきましょう。

(6) **正解　3**

| 訳 | 「サリーは毎日自転車で学校に行きます」 |

　　　1「〜（の上）に［で］」　2「〜のために」　3「毎〜」　4「〜のあとに」

| 解説 | Sally goes to school by bikeで「サリーは自転車で学校に行きます」と

いう意味になります。（　　）のあとのdayに着目して、every day「毎日」が正解です。

 英語を聞こう！ & 音読しよう！ ◀》 19

筆記1：文法問題

（　　）に入れるのに最も適切なものを1，2，3，4の中から一つ選び、その番号をマークしなさい。

(1) This is not （　　　） dictionary.

1　me　　　　　2　your　　　　　3　ours　　　　　4　I

①②③④

(2) A: What is Ben doing now?
B: He （　　　） a shower.

1　taking　　　2　am taking　　3　are taking　　4　is taking

①②③④

(3) George, let's （　　　） camping next weekend.

1　going　　　　2　goes　　　　3　go　　　　　4　to go

①②③④

(4) A: （　　　） is our next soccer practice?
B: It's August 2.

1　Why　　　　2　When　　　　3　Where　　　4　How

①②③④

(5) My grandmother can (　　　) very good cookies.

1　make　　　　2　makes　　　　3　making　　　　4　to make

①②③④

(6) I have a sister. She usually (　　　) her homework before dinner.

1　do　　　　2　does　　　　3　doing　　　　4　to do

①②③④

(7) A: (　　　) your mother a teacher?
B: Yes, she is.

1　Is　　　　2　Am　　　　3　Can　　　　4　Does

①②③④

(8) A: Does your father cook at home?
B: Yes, he (　　　).

1　is　　　　2　do　　　　3　does　　　　4　are

①②③④

答えと解説

(1) **正解　2**

　　　訳　　　「これはあなたの辞書ではありません」

　　　　　　　1「わたしを」　2「あなたの」　3「わたしたちのもの」　4「わたしは」

　　　解説　　　This is not ～で「これは～ではありません」という意味です。（　）のあとのdictionaryは「辞書」という意味で、「～の」を表すyourを入れると意味がとおります。

(2) **正解　4**

　　　訳　　　A：「ベンは今、何をしていますか」

　　　　　　　B：「彼はシャワーをあびています」

　　　解説　　　take a shower は「シャワーをあびる」という意味で、（　）に入るtakeの正しい形を選びます。What is ～ doing now?は「～は今、何をしていますか」という意味で、is doing「～しています」の疑問文です。これに対し、「彼は～しています」と答えるのが自然なので、is takingが正解です。主語はHeなので、am やareではなく、isになります。

(3) **正解　3**

　　　訳　　　「ジョージ、来週末にキャンプに行きましょう」

　　　解説　　　（　）に入るgoの正しい形を選びます。let'sのあとの動詞は原形（もとの形）なので、goが正解です。let's ～は「～しましょう」と相手を誘う表現です。

(4) **正解　2**

　　　訳　　　A：「わたしたちの次のサッカーの練習はいつですか」

　　　　　　　B：「8月2日です」

　　　　　　　1「なぜ」　2「いつ」　3「どこで［に］」　4「どう、どうやって」

　　　解説　　　（　）ではじまる疑問文で、選択肢には疑問詞が並んでいます。このタイプの問題は、Bの返事の内容で正解が決まります。August 2と日にちを答えているので、When「いつ」が正解です。

(5) **正解　1**

| 訳 | 「わたしの祖母はとてもおいしいクッキーを作ることができます」 |

| 解説 | （　　）に入るmakeの正しい形を選びます。（　　）の前のcanに着目し
ましょう。「～できる」の文です。canのあとの動詞は原形なので、makeが正解です。
試験ではときどき4のto makeのような「to＋動詞の原形」の選択肢がありますが、
5級レベルの文法ではないので、今は意味を気にしなくてよいです。

(6) **正解　2**

| 訳 | 「わたしには姉［妹］がいます。彼女はたいてい、夕食の前に宿題をします」 |

| 解説 | （　　）に入るdoの正しい形を選びます。2文目のSheはa sisterのことで、
主語がSheのときは動詞に（e)sがつくので、doesが正解です。主語と動詞の間に
usuallyのような語があるとうっかりdoを入れてしまいがちなので、注意しましょう。

(7) **正解　1**

| 訳 | A：「あなたのお母さんは先生ですか」 |
| | B：「はい、そうです」 |

| 解説 | AがBのお母さんについて何か質問しています。「～は…ですか」の文で、
your motherが主語なので、Isが正解です。返事のYes, she is.からも判断できます。

(8) **正解　3**

| 訳 | A：「あなたのお父さんは家で料理をしますか」 |
| | B：「はい、します」 |

| 解説 | 今度は、返事の部分に（　　）があります。AはBのお父さんについて何
か質問をしています。「～は…しますか」の文で、Does ...?と聞いているので、答える
ときもdoesで答えます。

😀 [筆記1] 英語を聞こう！ ＆ 音読しよう！ 🔊 20

会話について、（　　）に入れるのに最も適切なものを1，2，3，4の中から一つ選び、その番号をマークしなさい。

(1) *Boy:* What is today's dinner, Mom?
    Mother: （　　　　）

1　I'm home.　　　　　2　Yes, it is.
3　At night.　　　　　4　It's pizza.

①②③④

(2) *Girl:* When is your next baseball game?
    Boy: （　　　　）

1　I like sports.　　　　2　This Sunday.
3　About $100.　　　　4　In the gym.

①②③④

(3) *Man:* Do you like my new shirt, Janet?
    Woman: Yes, （　　　　）

1　I like the color.　　　2　I go camping.
3　I'm ready.　　　　　4　It's two o'clock.

①②③④

(4) *Father:* It's time for dinner, Jenny.

    Girl: (　　　　) Dad.

    1 Here you are,   2 It's me,

    3 I'm coming,   4 It's cold,

                                                     ①②③④

(5) *Girl 1:* My music teacher is Ms. Williams. (　　　　)

    Girl 2: Mr. Walker.

    1 How about you?   2 Where are you from?

    3 Where is she?   4 How are you?

                                                     ①②③④

(6) *Father:* What drink do you want?

    Boy: (　　　　)

    1 I have three.   2 Yes, you're right.

    3 Every morning.   4 Milk, please.

                                                     ①②③④

練習しよう！

筆記

答えと解説

(1) **正解** **4**

| 訳 | 男の子：「お母さん、今日の晩ご飯はなに？」 |

母親：「ピザよ」

1「ただいま」　2「はい、そうです」　3「夜に」　4「ピザです」

| 解説 | 男の子と母親の会話です。What is 〜?は「〜は何ですか」という意味で、ここでは今日の晩ご飯が何かをたずねています。pizza「ピザ」と答えている4が正解です。

(2) **正解** **2**

| 訳 | 女の子：「次の野球の試合はいつなの？」 |

男の子：「今度の日曜日だよ」

1「ぼくはスポーツが好きです」　2「今度の日曜日です」
3「約100ドル」　　　　　　　4「体育館で」

| 解説 | When is 〜?は「〜はいつですか」という意味なので、「いつ」を答えている選択肢をさがしましょう。This Sunday.「今度の日曜日です」が正解です。3はHow much 〜?に対する返事です。お金の単位は「ドル」の$、dollar(s)と、「円」のyenを知っておきましょう。

(3) **正解** **1**

| 訳 | 男性：「ジャネット、ぼくの新しいシャツ、気に入った？」
女性：「ええ、色がいいね」

1「わたしはその色が好きです」　2「わたしはキャンプに行きます」
3「わたしは準備ができています」　4「(今)2時です」

| 解説 | Do you 〜?と聞かれて、Yesのあとに（　　）があります。会話は、男性が自分が着ているシャツを女性に見せて、感想をたずねている場面です。「ぼくの新しいシャツ、気に入った？［いいと思う？］」と聞かれて、女性はYes「うん（＝気に入った)」と答えます。それにつづく内容としては、シャツについて「色がいいね」とほめている1が適切です。

(4) **正解　3**

| 訳 |
父親：「夕食の時間だよ、ジェニー」

女の子：「今行くね、お父さん」

1「はい、どうぞ」　2「それはわたしです」　3「今行きます」　4「寒いです」

| 解説 |
父親と女の子の会話です。It's time for 〜は「〜の時間です」という意味で、父親が夕食の準備ができたことを女の子に伝えています。「今行くよ」という意味のI'm comingが正解です。

(5) **正解　1**

| 訳 |
女の子1：「わたしの音楽の先生はウィリアム先生よ。あなたは？」

女の子2：「ウォーカー先生よ」

1「あなたはどうですか」　　2「あなたはどこの出身ですか」

3「彼女はどこにいますか」　4「お元気ですか」

| 解説 |
Girl 1とGirl 2のように、女性同士や男性同士などの会話のパターンもあります。女の子1が自分の音楽の先生の名前を言って、女の子2が別の名前を答えています。正解はHow about you?「あなたはどうですか」で、ここでは「あなたの音楽の先生はだれですか」という意味になります。4のHow are you?「元気？」と似ているので注意しましょう。

(6) **正解　4**

| 訳 |
父親：「何の飲み物がほしい？」

男の子：「牛乳をちょうだい」

1「ぼくは3つ持っています」　2「はい、あなたの言うとおりです」

3「毎朝」　　　　　　　　　　4「牛乳をください」

| 解説 |
父親と男の子の会話です。お父さんがWhat drink 〜?で飲みたいものをたずねているので、Milk「牛乳」と答えている4が正解です。〜, please.は「〜をください」という意味です。What 〜?やWho 〜?のような疑問詞を使った質問にはYes/Noで答えないので、2は不適切です。

 ［筆記2］英語を聞こう！ & 音読しよう！ 🔊 21

日本文の意味を表すように①から④までを並べかえて ☐ の中に入れなさい。
そして、1番目と3番目にくるものの最も適切な組み合わせを1，2，3，4の中
から一つ選び、その番号をマークしなさい。

(1) あなたのお父さんは夕食を作りますか。

(① dinner ② cook ③ your father ④ does)

1番目		3番目	

?

1 ③—②   2 ④—②   3 ③—①   4 ④—①

①②③④

(2) わたしの家に10時に来てください。

(① at ② come ③ my house ④ to)

Please | 1番目 | | 3番目 | | ten.

1 ②—③   2 ③—④   3 ②—①   4 ③—④

①②③④

(3) エレンは小型犬を飼っています。

(① has ② small ③ dog ④ a)

Ellen | 1番目 | | 3番目 | | .

1 ①—③   2 ③—②   3 ④—③   4 ①—②

①②③④

(4) ジェームズ、あそこにいる鳥を見て。

(① at　② over　③ look　④ the bird)

James, [1番目 □] [□] [3番目 □] [□] there.

1　④—③　　　　2　①—③　　　　3　②—④　　　　4　③—④

①②③④

(5) あなたは明日はひまですか。

(① tomorrow　② you　③ are　④ free)

[1番目 □] [□] [3番目 □] [□] ?

1　①—③　　　　2　②—④　　　　3　③—④　　　　4　③—②

①②③④

(6) あなたは雑誌を何冊持っていますか。

(① magazines　② many　③ you　④ do)

How [1番目 □] [□] [3番目 □] [□] have?

1　①—④　　　　2　②—④　　　　3　②—③　　　　4　④—①

①②③④

(7) この美術館には美しい絵がたくさんあります。

(① of　② beautiful　③ a lot　④ has)

This art museum [1番目 □] [□] [3番目 □] [□] pictures.

1　④—①　　　　2　③—②　　　　3　④—②　　　　4　②—③

①②③④

答えと解説

(1) **正解** 2

| 訳 | 完成文：Does your father cook dinner?　④③②① |

| 解説 | 「～は…しますか」という疑問文です。主語は「あなたのお父さん」で your fatherなので、その前にdoesを置いて、Does your father ～?の形になります。そのあとは動詞cook「～を料理する」がきて、最後にdinner「夕食」を入れます。

(2) **正解** 1

| 訳 | 完成文：Please come to my house at ten.　②④③① |

| 解説 | 日本文は「～してください」で、主語がなく、動詞ではじまる文です。英語はPleaseではじまっているので、1つめの□には動詞のcomeが入ります。「～に来る」はcome to ～なので、Please come to ～という順になります。そのあと、「わたしの家」を表すmy houseがきて、文の最後は「10時に」のat tenです。□のあとにtenがあるので、先にat ten「10時に」というカタマリをつくってしまってもよいです。

(3) **正解** 4

| 訳 | 完成文：Ellen has a small dog.　①④②③ |

| 解説 | 「～は…します」の文です。主語は「エレン」で、英文はEllenではじまっています。動詞haveには「～を飼う」という意味があり、ここではEllenが主語なのでhasという形になっています。（　　）内のsmall「小さい」に着目して、「小型犬」をa small dogと表しましょう。「a＋形容詞＋名詞」の順になります。

(4) **正解** 4

| 訳 | 完成文：James, look at the bird over there.　③①④② |

| 解説 | 日本文は「～して」で、主語がなく、動詞ではじまる文です。文のはじめのJamesは呼びかけで、まずは動詞として「～を見て」を表すlook at ～を入れます。そのあと「鳥」を表すthe birdをつづけます。文の最後にthereがあるので、over thereで「あそこに」というカタマリをつくることができます。the bird over thereで「あそこにいる鳥」という意味になります。

(5)　正解　**3**

| 訳 | 完成文：Are you free tomorrow?　③②④①

| 解説 | 「あなたは～ですか」Are you ～? という疑問文です。日本文には「あなたは」と「明日は」で「は」が2つありますが、英語の主語はここでは you「あなたは」です。free は「ひまな」という意味で、Are you free のあとに tomorrow「明日（は）」をつづけます。

(6)　正解　**2**

| 訳 | 完成文：How many magazines do you have?　②①④③

| 解説 | 「いくつ」と数をたずねるときは、「How many ＋名詞～?」で表します。many のあとに名詞がくるのがポイントです。この問題で数をたずねているものは magazines「雑誌<rb>ざっし</rb>」なので、How many magazines とはじめます。そのあと、「あなたは～を持っていますか」を表す do you have? をつづけます。疑問文なので動詞 do が主語 you の前にくる点に注意しましょう。

(7)　正解　**1**

| 訳 | 完成文：This art museum has a lot of beautiful pictures.　④③①②

| 解説 | 日本文の主語は「絵が」ですが、英語は This art museum「美術館<rb>びじゅつかん</rb>」ではじまっている点に注意しましょう。「～には…があります」と言うとき、動詞に have [has] を使うことができます。This art museum has ～で「この美術館には～があります」という意味になります。日本文をもとに、美術館には「たくさんの美しい絵」があると考えて、a lot of「たくさんの」のあとに beautiful pictures「美しい絵」をつづけます。

😀 [筆記3] 英語を聞こう！ & 音読しよう！🔊 22

131

ちょっとひと休み♪

リスニング
第1部　会話の応答文選択

リスニング第１部の出題形式

リスニングは第１部から第３部の３つあります。放送はすべて２回ずつです。

第１部　会話の応答文選択…10問
第２部　会話の内容一致選択…5問
第３部　イラストの内容一致選択…10問

25問

　第１部は、問題用紙にあるイラストを参考にしながら、英文を聞いて選択肢を選ぶ問題です。英文のあとにつづけて１，２，３の３つの選択肢が読まれるので、英文に対するもっとも適切な応答を選びます。

●サンプル問題●

問題用紙

放送文（音声のみ）

（英文）Do you walk to school every day?

（選択肢）1　Thank you.
　　　　　 2　Yes, I do.
　　　　　 3　See you tomorrow.

　第１部は、上のようなイラストが問題用紙に10問分あります。イラストは英文とその応答（正解選択肢）の場面を表しています。放送では、英文のあとに選択肢が３つ読まれます。選択肢は音声のみで、問題用紙には書かれていません。

 問題用紙はイラストだけなんだ。じゃあ、英語を読むことはなく、耳だけで判断するんだね。

　１が不正解の場合や、１と２がどちらも不正解の場合は、１（と２）を聞いているうちに「もとの英文はなんだっけ？」となることがあります。そうならないように、「英文」は３つの選択肢を聞く間ずっと頭の中に記憶しておく必要があります。

どんな対策をしたらいいの?

　まずは、イラストを見て場面を想像しながら英語を聞くことに慣れましょう。イラストを見て、だれが話しているのか、何をしているところかなどをつかめるようになったら、①耳だけで判断して正解を選ぶ練習、②放送文を声に出して読む練習をしましょう。正確に読めるようになると、耳で聞いてもわかるようになります。

 筆記1の「会話表現」のところで紹介したトレーニングを思いだして！
リスニングでも同じようにやってみよう。

> 1．音声を聞きながら、放送文の英文を目で追う。
> 2．英文を目で追いながら、音声の発音をまねして音声と同時に英文を音読する。

どんな英文が出るの?

リスニング 第1部

　「英文」は、サンプル問題のDo you walk to school every day?のように、1文の場合がほとんどです。ときどき2文のこともありますが、長くはありません。また、疑問文ではなく、I like your hat.「あなたの帽子、いいね」のようなふつうの文のこともあります。

　WhichやWhenのような疑問詞ではじまる文のほか、ふだんの行動をたずねる文や、相手を誘う文、単なるあいさつのこともあります。筆記2でおぼえた会話表現が役に立ちます。

2回の放送はどう聞けばいいの?

　1回目で聞き逃しても2回目でたしかめられるので、落ち着いて取り組みましょう。もし1回目で正解が選べたら、2回目の放送の間は、耳を休ませたり、次の問題のイラストを見たりして、準備をしましょう。

〈サンプル問題の訳・答え〉 「毎日歩いて学校に来るの?」

　　1「ありがとう」 2「ええ、そうよ」 3「また明日ね」　　　　　　　　　（正解　2）

　リスニング第1部では、筆記2で学んだ会話表現（87〜89ページ）が多く出てきます。復習をかねて、次の会話表現を確認しましょう。

　英文とその意味をおぼえる必要はありません。リスニングは言うまでもなく、聞き取れることが大事です。これまで以上に音声を利用して、集中して聞く練習をしましょう。

【質問する】

☐ Is that your bike?	あれはあなたの自転車ですか。
☐ Are these books yours?	これらの本はあなたのですか。
☐ Do you like strawberries?	あなたはイチゴが好きですか。
☐ How are you?	お元気ですか。
☐ How's your mother?	お母さんはお元気ですか。
☐ How do you come to school?	あなたは学校へどうやって来ますか。
☐ What time does the game start?	試合は何時に始まりますか。
☐ What color is your bike?	あなたの自転車は何色ですか。
☐ What do you do on weekends?	（ふだん）週末は何をしますか。
☐ What is your favorite color?	あなたの好きな色は何ですか。
☐ When do you practice the piano?	あなたはいつピアノを練習しますか。
☐ Where is the elevator?	エレベーターはどこですか。
☐ Who is this man?	この男の人はだれですか。
☐ Whose bag is this?	これはだれのバッグですか。
☐ Which bike do you want?	あなたはどちらの自転車がほしいですか。
☐ Can I use your eraser?	あなたの消しゴムを使ってもいいですか。
—☐ Sure, you can.	もちろん、いいですよ。
☐ Can you close the door, please?	ドアを閉めてもらえますか。
—☐ All right. [OK.]	わかりました。
☐ Can your sister play the piano?	あなたのお姉さんはピアノがひけますか。
—☐ Yes, she can.	はい、ひけます。

【相手を誘ったり、気持ちや状況を伝える】

☐ **Let's go to the movies.**	映画を見に行きましょう。
☐ **Please sit down here.**	どうぞここに座ってください。
☐ **Look at those flowers.**	あの花を見て。
☐ **See you on Monday.**	月曜日に会いましょう。
☐ **This is for you.**	これをあなたに。
☐ **Thank you for the present.**	プレゼントをありがとう。
☐ **I want a new bike.**	わたしは新しい自転車がほしいです。
☐ **I like your cap.**	あなたの帽子、いいね。
☐ **I'm studying math.**	わたしは（今）算数を勉強しています。
☐ **Dinner is ready, Dad.**	夕食ができたよ、お父さん。

　リスニング第1部では、「気持ち」や「状況」に対して、どんな言葉を返すかな？と想像しながら3つの選択肢を聞きます。第1部で出やすい選択肢（返事）をいくつか確認しましょう。

☐ **Me, too.**	わたしも（そうです）。
☐ **You, too.**	あなたもね。
☐ **That's all.**	それで全部です。
☐ **I'm here.**	わたしはここにいます。
☐ **Yes, a little.**	はい、少しは。
☐ **Here you are. [Here it is.]**	はい、どうぞ。

 英語を聞こう！ & 音読しよう！ 🔊 23

※聞き取れるようになるためには、音声をまねして、声に出して読みましょう。

まずは音声を聞かずに会話を完成させる練習をします。線で結んで、会話を完成させましょう。

(1) Whose bag is this?　・　　　　　・ It's over there.

(2) How's your mother?　・　　　　　・ It's mine.

(3) See you on Monday.　・　　　　　・ Bye, John.

(4) Where is the elevator?　・　　　　・ Yes, every day.

(5) Do you go jogging?　・　　　　　・ Good, thanks.

答え

(1) Whose bag is this?
これはだれのバッグですか。
— わたしのです。

(2) How's your mother?
お母さんはお元気ですか。
— 元気です、ありがとう。

(3) See you on Monday.
月曜日に会いましょう。
— さようなら、ジョン。

(4) Where is the elevator?
エレベーターはどこですか。
— あそこです。

(5) Do you go jogging?
あなたはジョギングをしに行きますか。
— はい、毎日。

・It's over there.

・It's mine.

・Bye, John.

・Yes, every day.

・Good, thanks.

> (5)の応答は Yes, I go jogging every day. を短くした表現だね。

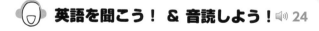 **英語を聞こう！ & 音読しよう！** 24

イラストから会話の場面を想像しよう！

イラストを参考にしながら音声を聞く練習をします。質問とその返事が読まれます。会話が自然だと思ったら○を、おかしいと思ったら×を、[　　]に書きましょう。

＊以降、問題の会話は2回ずつ読まれます。

(1) **25**　　　　(2) 📢 **26**　　　　(3) 📢 **27**

[　　　　]　　　　[　　　　]　　　　[　　　　]

 ここに○か×を入れよう

放送文＆答え

(1) ○ M: Which bag do you want?　どちらのバッグがほしい？
　　 W: The big one.　大きいバッグ。

　　　　　　　　　　　　　　(1)の one は bag のことね。

(2) ✕ M: Is that your bike?　あれはあなたの自転車ですか。
　　 W: I'm here.　わたしはここにいます。

(3) ○ M: Happy birthday. This is for you.　誕生日おめでとう。これをきみに。
　　 W: Thank you.　ありがとう。

👄 **英語を聞こう！ & 音読しよう！** 📢 **28**

教える方へ：イラストを見ながら音声を聞く練習です。ただ、第1部のイラストは設問に「イラストを参考にして」とあるように、あくまで場面理解のための補助イラストです。つまり、イラストの内容が理解できないと正解が選べないわけではないので、イラストを見るのに集中する必要はありません。

リスニング

第1部

イラストを参考(さんこう)にしながら音声を聞きましょう。質問のあと、2つの返事が読まれます。合うほうの返事を選んで、1または2を○でかこみましょう。

(1) 29　　(2) 🔊 30　　(3) 🔊 31

1　　　2

1　　　2

1　　　2

└────┴──どちらかを○でかこもう

放送文&答え

(1)　M: Do you like strawberries, Mai?　イチゴは好(す)き、マイ？

　　　1　My favorite animal.　わたしの好きな動物よ。

　　　② Yes, I do.　ええ、好きよ。

(2)　W: Whose guitar is that?　あれはだれのギター？

　　　① It's mine.　ぼくのだよ。

　　　2　I'm fine.　元気だよ。

(3)　M: Who is this man?　この男の人はだれ？

　　　1　You're welcome.　どういたしまして。

　　　② He's my uncle.　彼(かれ)はわたしのおじさんよ。

---

(1)の strawberries は日本語の「ストロベリー」と発音がちがうね！

 英語を聞こう！ & 音読しよう！ 🔊 32

ポイント 気持ちを伝える文を聞き取ろう！

イラストを参考にしながら音声を聞きましょう。英文のあと、2つの返事が読まれます。合うほうの返事を選んで、1または2を○でかこみましょう。

(1) 🔊 33　　　　(2) 🔊 34　　　　(3) 🔊 35

　　1　　　2　　　　1　　　2　　　　1　　　2

放送文&答え

(1)　M: I want a new bike.　新しい自転車がほしいんだ。

　①　Me, too.　わたしも。

　2　Yes, I am.　はい、そうです。

(2)　W: Please sit down here.　どうぞここに座ってください。

　①　Sure.　わかりました。

　2　That's all.　それで全部です。

(3)　M: I like your shirt.　きみのシャツ、いいね。

　1　Nice to meet you.　はじめまして。

　②　Thank you very much.　どうもありがとう。

---

(3)の I like your 〜は相手の持ち物をほめる表現だよ。

shirt は日本語の「シャツ」の発音とちがうね！

 英語を聞こう！ & 音読しよう！ 🔊 36

Let's TRY

イラストを参考にしながら音声を聞きましょう。英文と3つの応答を聞いて、最も適切な応答を選んで、番号（1～3）に○をつけましょう。

1

🔊 37

1   2   3

2

🔊 38

1   2   3

3

🔊 39

1   2   3

4

🔊 40

1   2   3

1. ときかた

放送文

W: What color is your bike?
1 Green.　2 History.　3 Ice cream.

まずは、疑問詞ではじまる質問とその返事のパターンを練習する
よ。イラストを見て、自転車置き場での会話だと想像できたかな？
質問のWhat colorは聞き取れたかしら。What color is ～?は
「～は何色ですか」という表現だね。3つの選択肢で、色を答え
ているのは1のGreen「緑」だよ。ほかの答えは「色」じゃないから×だ
とわかるね。

- -

訳：「あなたの自転車は何色？」
　　1「緑」　2「歴史」　3「アイスクリーム」

（正解　1）

 疑問詞で始まる疑問文とその応答内容を整理しておこう。

Where ～?→「どこ」を答える	When ～?→「いつ」を答える
Who ～?→「だれ」を答える	Whose ～?→「だれのもの」を答える
What ～?→「何」を答える	What color ～?→「色」を答える
How much ～?→「金額」を答える	What time ～?→「時刻」を答える

2. ときかた

放送文

M: Can you speak French?
1 No, it's mine.　2 After lunch.　3 Yes, a little.

Can you ～?の質問は「～してもらえますか」と「～できますか」
の2パターンあるよ。ここではspeak Frenchとあるから「フラ
ンス語は話せる？」という質問だとわかったかしら。

この質問に対して、Yes, I can. / No, I can't.という単純な返事ではなく、
「少しなら話せる」という意味のYes, a little.が正解。

- -

訳：「あなたはフランス語を話せますか」
　　1「いいえ、それはわたしのです」　2「昼食後に」　3「はい、少しは」

（正解　3）

 canの疑問文とその返事の例を整理しておこう！

Can you ～?　あなたは～できますか。
　― Yes, I can.　はい、できます。 / Yes, a little.　はい、少し。
　　No, I can't.　いいえ、できません。
Can you ～?　～してもらえますか。― All right. [OK.]　いいですよ。
Can I ～?　～してもいいですか。― Sure, you can.　ええ、いいですよ。

リスニング

第1部

3. ときかた

放送文

M: Wash your hands, Sarah.
1 My favorite food.　2 All right, Dad.　3 At home.

What 〜?、Do you 〜?、Can you 〜?などの「質問」のほか、指示をしたり相手を誘ったりする文もあるよ。

イラストを見ると、場面は台所で、お父さんが娘にWash your hands「手を洗いなさい」と言っているね。これに対して、「わかった」と答えている2が正解。Dadは「お父さん」という呼びかけよ。

イラストのクッキーから想像して1のMy favorite food.「わたしの好きな食べ物」を選ばないように。「手を洗いなさい」というお父さんの指示に合わないよ。

- -

訳：「手を洗いなさい、サラ」
　　1「わたしの好きな食べ物よ」　2「わかった、お父さん」　3「家で」

（正解　2）

4. ときかた

放送文

W: Let's go to the movies tomorrow.
1 Here it is.　2 It's twenty dollars.　3 Good idea.

このイラストのように、男女が電話をしている場面もあるよ。
Let's 〜.「〜しましょう」は相手を誘う表現だったね。Good
idea.「いいね」と誘いを受け入れている3が正解。

1のHere it is.は物を渡しながら言う表現。2は金額をたずねるHow
much 〜?に合う返事だね。

- -

訳:「明日、映画を見に行きましょう」
　　1「はい、どうぞ」　2「20ドルだよ」　3「いいね」

（正解　3）

 英語を聞こう！ & 音読しよう！ 🔊 41

リスニング

第2部　会話の内容一致選択

リスニング第2部の出題形式

　第2部は、会話の内容に関する質問に答える問題です。2人の会話のやりとりが読まれ、そのあとつづけてQuestionと言って質問が読まれます。その質問の答えとして最も適切なものを選択肢から1つ選びます。会話のやりとりは1回（A―B）です。

●サンプル問題●

> 問題用紙
> 1　In his classroom.
> 2　At home.
> 3　At the cafeteria.
> 4　At the library.

> 放送文（音声のみ）
> M: Is Ted in his classroom?
> W: No, he is eating lunch at the cafeteria.
> **Question**: Where is Ted?

　第2部には、このような問題が5問あります。4つの英語の選択肢は問題用紙に書かれています。

 第2部は、会話と質問をしっかりと聞いて、さらに問題用紙の英語も読まないといけないのか……。

 そう。でも心配しないで。会話の内容や質問はむずかしくないの。問題形式に慣れたらだいじょうぶよ。

〈サンプル問題の訳・答え〉　A「テッドは教室にいるの？」
　　　　　　　　　　　　　B「いいえ、彼はカフェテリアで昼食を食べているよ」
　　　　　　　　　　　　　質問「テッドはどこにいますか」
　　　　　　　　　　　　　1「教室に」　2「家に」
　　　　　　　　　　　　　3「カフェテリアに」　4「図書館に」　　　　　　　（正解　3）

だれとだれの会話なの?

　リスニングでは、必ず男女1人ずつの2人の会話です。友だち同士、親子、店員と客といった人間関係が多いです。

どんな内容の会話が出るの?

　会話の内容は、筆記2の会話問題やリスニング第1部と似ています。相手の行動についてたずねる、相手を何かに誘うなど、日常によくある場面です。

　第2部は、会話の内容に加えて、質問をしっかりと聞く必要があります。また、What time 〜?と時刻をたずねる問題なら、会話中には時刻が2つ以上、How much is 〜?という質問であれば、金額を表す数字が会話中に2つ以上出てくる、といった傾向があります。

1つだけだとその数字さえ聞き取れたら正解が選べてしまうよね。あくまで会話の流れを理解しているかを試す問題になっているのよ。

どんな対策をしたらいいの?

　聞いて、といて、答えを確認する、という作業をくり返すだけでなく、これまでと同じように音声を利用して、英語を声に出して読むことをおすすめします。

　また、2回の放送を効率よく聞く練習をしましょう。たとえば左のサンプル問題では、次のような流れで聞くことができます。

放送1回目の会話……場面や大まかな話題をつかむ

　　→友だち同士の会話?　話題はテッド、どこで何をしてる?

放送1回目の質問……問われていることをおさえる

　　→テッドは今、どこにいるか?

放送2回目の会話……ポイントをしぼって聞く

　　→テッドのいる場所?　教室ではなく、カフェテリア（←答え）

※2回目の質問は必要なときだけ聞けばよいです。

数字を聞き取ろう！

第2部でよく出てくる金額や時刻などの数字の聞き取りを練習します。

音声を聞いて、読まれる金額・時刻を○でかこみましょう。

🔊 **42**

(1)　100 yen　　　　130 yen　　　　300 yen

🔊 **43**

(2)　5:15　　　　　　6:15　　　　　　6:50

> ⑵は fifty と fifteen の発音のちがいに注意。

音声を聞いて、文中に出てきた金額・時刻として正しいものを○でかこみましょう。

🔊 **44**

(3)　$11　　　　　　$12　　　　　　$13

🔊 **45**

(4)　6:10　　　　　　6:30　　　　　　7:30

> $ は dollar(s) の記号だよ。

放送文＆答え

(1)　100 yen　　　（130 yen）　　　300 yen
　　 one hundred and thirty yen　　130円

(2)　5:15　　　　　　6:15　　　　　（6:50）
　　 six fifty　　6時50分

(3)　（$11）　　　　　$12　　　　　　$13
　　 This T-shirt is eleven dollars.　　このTシャツは11ドルです。

(4)　6:10　　　　　（6:30）　　　　　7:30
　　 I have breakfast at six thirty.　　わたしは6時30分に朝食を食べます。

 英語を聞こう！ & 音読しよう！ 🔊 46

ポイント 「だれが何する」を聞き取ろう！

「だれが何をするか」を聞く練習をします。会話を聞いて、日本語の質問の答え
として正しいものを○でかこみましょう。

(1) 🔊 **47** 女の子はいつ宿題する？

before breakfast　　　　after breakfast　　　　before dinner

(2) 🔊 **48** 女の子はいつ図書館に行く？

Monday　　　　Tuesday　　　　Wednesday

(2)と(3)は、男の子ではなく「女の子」がどうなのかを聞くのよ。

(3) 🔊 **49** 女の子は何のペットを飼っている？

a cat　　　a dog　　　a rabbit　　　a bird

放送文&答え

(1) ⬭before breakfast⬬　　　after breakfast　　　before dinner

M: When do you do your homework?

W: I usually do my homework before breakfast.

M：きみはいつ宿題をやるの？

W：たいてい朝食の前に宿題をするよ。

(2) Monday　　⬭Tuesday⬬　　Wednesday

M: I go to the library every Wednesday. How about you?

W: I often go to the library on Tuesdays.

M：ぼくは毎週水曜日に図書館に行くんだ。きみは？

W：わたしは火曜日によく行くよ。

(3) a cat　　⬭a dog⬬　　a rabbit　　a bird

W: I have a pet dog.

M: Great. I have a cat and a bird.

W：わたしはペットの犬を1匹飼っているの。

M：いいね。ぼくはネコを1匹と鳥を1羽飼っているよ。

 英語を聞こう！ & 音読しよう！ 🔊 50

1人目の話に対して2人目が No と答えるパターンがよくあります。会話を聞いて、日本語の質問の答えを○でかこみましょう。

🔊 **51**

(1) リサは今、何をしている？

Writing an e-mail.　　　　Reading an e-mail.

🔊 **52**

(2) リサは今、何をしている？

Reading a book.　　　　Reading a letter.

🔊 **53**

(3) リサは今、どこにいる？

In the garden.　　　　In her room.

🔊 **54**

(4) リサは何をよくする？

She goes skiing.　　　　She goes skating.

(2)と(3)は2人目の No のあと、(4)は No, but のあとをよく聞こう。

放送文&答え

(1) (Writing an e-mail.)   Reading an e-mail.

M: What are you doing now, Lisa?

W: I'm writing an e-mail.

M：今、何しているの、リサ？

W：メールを書いているの。

> ..., Lisa? と呼びかけられ
> ているから、2人目に話
> しているのが質問に出て
> きた「リサ」だね。

(2) Reading a book.   (Reading a letter.)

M: Are you reading a book, Lisa?

W: No. I'm reading a letter from my aunt.

M：本を読んでいるのかい、リサ？

W：いいえ。おばさんからの手紙を読んでいるの。

(3) (In the garden.)   In her room.

W: Is Lisa in her room?

M: No. She's washing the dog in the garden.

W：リサは部屋にいるのかしら。

M：いいや。庭で犬を洗っているよ。

> (3)のM（男性）の発言の
> Sheはリサのことだよ。

(4) She goes skiing.   (She goes skating.)

M: Do you like skiing, Lisa?

W: No, but I often go skating.

M：スキーは好きなの、リサ？

W：いいえ、でもスケートはよくしに行くよ。

 英語を聞こう！ & 音読しよう！ 🔊 55

Let's TRY

会話と質問を聞いて、正しい答えに○をつけましょう。

1

🔊 56

1　At 11:00.
2　At 11:30.
3　At 12:00.
4　At 12:30.

2

🔊 57

1　Some water.
2　Some juice.
3　Some tea.
4　Some milk.

3

🔊 58

1　Tennis.
2　Basketball.
3　Softball.
4　Volleyball

1. ときかた

1　At 11:00.
2　At 11:30.
3　At 12:00.
4　At 12:30.

放送文

W: What time does the soccer game start?

M: It starts at 12:00. Let's go to the park at 11:30.

Question: What time does the soccer game start?

ここからは質問文を聞く練習もするよ。質問は「サッカーの試合は何時にはじまるか」で、会話中の時刻(じこく)が聞き取れるかがポイント。女性(じょせい)はサッカーの試合の開始時刻を聞いていて、男性(だんせい)が12:00 (twelve o'clock) と答えているから、正解は3。そのあとの11:30 (eleven thirty) は公園に行く時刻だから2を選(えら)ばないように注意。

訳(やく)：女性「サッカーの試合は何時にはじまるの？」

男性「12時にはじまるよ。11時30分に公園に行こう」

質問「サッカーの試合は何時にはじまりますか」

1「11時に」　2「11時30分に」　3「12時に」　4「12時30分に」

(正解　3)

1回目の放送の質問でstartをしっかり聞き取って、
2回目の放送では開始時刻にしぼって聞くといいよ。

2. ときかた

1 Some water.
2 Some juice.
3 Some tea.
4 Some milk.

放送文

M: Are you drinking water, Emi?
W: No, I'm drinking some milk.
Question: What is Emi drinking?

Noのあとが答えの手がかりとなるパターンだよ。男性は「水（water）を飲んでいるの？」と聞くけど、女性（Emi）はNoと答えているね。そのあと、milk「牛乳」を飲んでいると言っている。質問ではEmiが何を飲んでいるかを聞いているから、正解は4ね。「waterではなく、milk」がわかるかがポイントよ。

- -

訳：男性「水を飲んでいるの、エミ？」

　　女性「いいえ、牛乳を飲んでいるのよ」

　　質問「エミは何を飲んでいますか」

　　1「水」　2「ジュース」　3「紅茶」　4「牛乳」

（正解　4）

英語のwaterとmilkは、日本語の「ウォーター」「ミルク」とは発音がちがうね！

3. ときかた

1　Tennis.
2　Basketball.
3　Softball.
4　Volleyball

放送文

M: Do your sisters play any sports?
W: Yes, Linda plays basketball and Ann plays softball.
Question: What sport does Linda play?

男性が「きみの姉妹は何かスポーツをするの？」とたずね、女性
は LindaとAnnがするスポーツを順に答えているね。ここから、
LindaとAnnはこの女性の姉妹だと考えられるね。質問はLinda
がするスポーツだから、2が正解。

この問題では、質問のLindaを聞き取らないと2か3か選べないから注意。
1回目の放送で会話の話題や流れをつかんで、質問がLindaについてだと
わかったら、2回目の放送でLindaの部分をしっかりと聞こう。

- -

訳：男性「きみの姉妹は何かスポーツをするの？」
　　女性「ええ。リンダはバスケットボール、アンはソフトボールをするよ」
　　質問「リンダは何のスポーツをしますか」

　　1「テニス」　　　　2「バスケットボール」
　　3「ソフトボール」　4「バレーボール」

（正解　2）

 英語を聞こう！ & 音読しよう！ ◁》 59

Listening

リスニング
第3部　イラストの内容一致選択

リスニング第3部の出題形式

第3部は、3つの英文を聞いて、問題用紙のイラストを最もよく表しているものを選ぶ問題です。

●サンプル問題●

問題用紙

放送文（音声のみ）
（選択肢）

1 Yuki is eating ice cream.

2 Yuki is buying a chair.

3 Yuki is sitting on the train.

第3部は、このようなイラストが問題用紙に10問あります。放送では、選択肢が3つ読まれます。選択肢は音声のみで、問題用紙には書かれていません。3つの英文を聞いて、イラストの内容に合うものを1つ選びます。

むむ？　ややこしいな。えっと、第2部は選択肢が問題用紙にあるけど、第3部は第1部と同じように問題用紙にはイラストしかないんだね。

そう。注意したいのは、第1部と第3部の問題タイプがちがうということ。第3部の問題のポイントをここでしっかりとつかんでおいてね。

イラストはどうやって見ればいいの？

第3部は第1部とはちがって、イラストをしっかりと見ないと正解が選べません。人物が描かれていれば、「何をしているところか」、時計があれば「何時をさしているか」などを見て、英文と合うかを判断します。

英文を聞き取るポイントは?

　第3部では、1つの文が3つ読まれます。イラストの人物の行動、手に持っているもの、人物の職業（しょくぎょう）のほか、時刻（じこく）や数字の聞き取りがポイントとなる問題もあります。

　英文はすべて「主語＋動詞（どうし）」ではじまる文です。英文の聞き取りポイントは、主に次の4つです。

> ①動詞　…特（とく）に動詞の-ing形（現在進行形（げんざい））
> ②「何を」の部分　…動詞のあとの名詞（めいし）部分
> ③物の場所や位置（いち）　…underやonなどの位置を表す語
> ④数字　…時計や長さなどの「数字」がイラストに書かれている場合

 動詞以外（いがい）の単語（たんご）も聞いて判断（はんだん）しないといけないんだね。

 そうなの。具体的（ぐたいてき）な聞き取りポイントはこのあと学ぶよ。あと、リスニング第3部で出やすいリストがあるから、意味を確認（かくにん）して、聞き取れるようにしておこう。

リスニング

第3部

〈サンプル問題の訳・答え〉　1「ユキはアイスクリームを食べています」
　　　　　　　　　　　　　　2「ユキはいすを買っています」
　　　　　　　　　　　　　　3「ユキは電車の中で座（すわ）っています」　　　（正解　1）

163

 確認しよう!

　リスニング第3部で出やすい単語を確認しましょう。たくさんありますが、すでに筆記1でおぼえた語も入っています。ここで重要なのは、聞いてわかるようにしておくことです。

> 教える方へ：以下の単語の中には、筆記でおぼえた単語に加え、リスニング第3部に出やすい語が入っています。特に＊のついた語は、つづりが書けなくても、聞いてわかればよいです。カタカナ語と発音が異なる単語に注意しながら、音声を聞きましょう。

【食べ物】

☐ cake	ケーキ
☐ *carrot	ニンジン
☐ hot dog	ホットドッグ
☐ pizza	ピザ
☐ *potato	ジャガイモ
☐ *sandwich	サンドイッチ

【動物】

☐ *bear	クマ
☐ bird	鳥
☐ *butterfly	チョウ
☐ cat	ネコ
☐ dog	犬
☐ horse	ウマ
☐ *penguin	ペンギン
☐ *pig	ブタ
☐ rabbit	ウサギ
☐ *sheep	ヒツジ

> たとえばpenguin「ペンギン」はつづりをおぼえなくてだいじょうぶ。日本語の「ペンギン」と発音がちがうことと確認するのが大事なのよ。

【体】

☐ **finger**	指
☐ **foot**	足（くつをはく部分）
☐ **hand**	手
☐ **head**	頭
☐ ***shoulder**	肩

【単位】

☐ **dollar**	ドル
☐ **yen**	円
☐ ***meter**	メートル
☐ ***kilometer**	キロメートル
☐ ***gram**	グラム
☐ ***kilogram**	キログラム
☐ **page**	ページ
☐ ***floor**	階　（例：fifth floor「5階」）
☐ **～ long**	（長さが）～で
☐ **～ tall[high]**	（高さが）～で

【職業】

☐ **baseball player**	野球選手
☐ **cook**	コック、料理人
☐ **dancer**	ダンサー
☐ **doctor**	医者
☐ **nurse**	看護師
☐ **pianist**	ピアニスト
☐ **pilot**	パイロット
☐ ***police officer**	警察官
☐ ***scientist**	科学者
☐ **singer**	歌手
☐ **teacher**	教師

【乗り物】

☐ bike	自転車
☐ bus	バス
☐ car	自動車
☐ plane	飛行機
☐ *subway	地下鉄
☐ ship	船
☐ train	列車、電車

【天気】

☐ cold	寒い
☐ hot	暑い
☐ rainy	雨降りの
☐ sunny	晴れた
☐ windy	風の強い

【場所】

☐ bank	銀行
☐ beach	ビーチ、浜辺
☐ *bedroom	寝室
☐ *bridge	橋
☐ classroom	教室
☐ *dining room	ダイニングルーム
☐ library	図書館
☐ hospital	病院
☐ *kitchen	台所
☐ mountain	山
☐ park	公園
☐ restaurant	レストラン
☐ river	川
☐ station	（列車の）駅
☐ zoo	動物園

【物】

□ *chopsticks	はし
□ cup	カップ
□ fork	フォーク
□ *plate	皿
□ spoon	スプーン
□ *knife	ナイフ
□ chair	いす
□ desk	机
□ dictionary	辞書
□ eraser	消しゴム
□ camera	カメラ
□ doll	人形
□ paper	紙
□ phone	電話
□ picture	絵、写真
□ radio	ラジオ
□ shoe	くつ　（左右あわせて shoes）
□ towel	タオル
□ tree	木
□ *umbrella	かさ
□ watch	うで時計

 英語を聞こう！ & 音読しよう！ 🔊 60

ポイント **どこにある？**

位置を表す語（前置詞）の聞き取りを練習します。英文を聞いて、正しいイラストの記号を○でかこみましょう。

(1) 🔊 **61**

ア　　　　　　　　　イ　　　　　　　　　ウ

⑴は the bed、⑵は the car の前の単語をよーく聞いてね。

(2) 🔊 **62**

ア　　　　　　　　　イ　　　　　　　　　ウ

放送文&答え

(1)　ア　The tennis racket is <u>on</u> the bed.

　　　テニスのラケットがベッドの上にあります。

(2)　ウ　The cat is sleeping <u>under</u> the car.　ネコが車の下で寝ています。

🎧 **英語を聞こう！ & 音読しよう！** 🔊 63

「〜の上に」「〜の下に」などの位置を表す語を、イラストで確認しましょう。

The racket is in the box.
ラケットは箱の中にあります。

The racket is on the box.
ラケットは箱の上にあります。

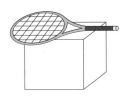

The racket is under the box.
ラケットは箱の下にあります。

The racket is by the box.
ラケットは箱のそばにあります。

次のように、「どこにあるか」が問われることもあります。

1　The racket is on the bed.　「ベッドの上に」
2　The racket is on the chair.　「いすの上に」
3　The racket is on the floor.　「床の上に」

 英語を聞こう！ & 音読しよう！ 🔊 64

イラストに描かれている人物の動作を聞き取ります。英文を2つ聞いて、イラストに合うほうの番号を○でかこみましょう。

(1) 65　　　(2) 66　　　(3) 67

　　1　　　2　　　　　1　　　2　　　　　1　　　2

人の名前ではじまる文は、その人が「何をしているところか」がポイントだよ！

放送文＆答え

(1)　① Yuki is taking a picture.　ユキは写真をとっています。
　　2　Yuki is looking at a picture.　ユキは写真を見ています。

(2)　1　Kenta is looking at a bear.　ケンタはクマを見ています。
　　② Kenta is looking at an elephant.　ケンタはゾウを見ています。

(3)　1　Mark is washing his hands.　マークは手を洗っています。
　　② Mark is brushing his teeth.　マークは歯をみがいています。

---

(1)は a picture は同じで、動詞 (-ing) の部分がちがうね。(2)は looking at のあとの「動物」の部分がちがっているよ。

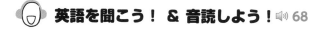
英語を聞こう！ & 音読しよう！ 68

リスニング第３部でよく出る動作の表現を確認しましょう。

【「しています」の表現】

☐ is brushing his[her] hair	髪をといています
☐ is brushing his[her] teeth	歯をみがいています
☐ is cutting a pizza	ピザを切っています
☐ is eating an ice cream	アイスクリームを食べています
☐ is listening to the radio	ラジオを聞いています
☐ is making a sandwich	サンドイッチを作っています
☐ is painting a picture	絵を描いています
☐ is singing in the concert	コンサートで歌っています
☐ is sitting on the chair	いすに座っています
☐ is sleeping on the floor	床で寝ています
☐ is standing on the train	電車の中で立っています
☐ is reading a magazine	雑誌を読んでいます
☐ is taking a picture	写真をとっています
☐ is talking on the phone	電話で話しています
☐ is using a computer	コンピュータを使っています
☐ is writing a letter	手紙を書いています
☐ is watching a baseball game	野球の試合を見ています

【「好きです」「持っています」「できます」の表現やふだんの行動】

☐ likes fishing	釣りをするのが好きです
☐ loves fall	秋が大好きです
☐ has a new umbrella	新しいかさを持っています
☐ has some plates in his[her] hands	手にお皿を数枚持っています
☐ have P.E. class this morning	今日の午前中に体育があります
☐ can swim well	じょうずに泳げます
☐ goes to work	仕事に行きます
☐ goes to tennis practice	テニスの練習に行きます

 英語を聞こう！ & 音読しよう！ 🔊 69

何の仕事の人？

何の職業かが問われる問題がよく出ます。英文を2つ聞いて、イラストの内容に
合うほうの番号を○でかこみましょう。

(1) 🔊 **70**   (2) 🔊 **71**   (3) 🔊 **72**

     1   2   1   2   1   2

> Melissaなど、文のはじめの人の名前は
> 気にしなくていいの。isのあとの「職業」
> の部分をしっかりと聞こう。

放送文&答え

(1)　1　Melissa is a doctor.　メリッサは医者です。
　　　②　Melissa is a cook.　メリッサはコックです。

(2)　①　Jun is a scientist.　ジュンは科学者です。
　　　2　Jun is a pianist.　ジュンはピアニストです。

(3)　①　Yukiko is a dancer.　ユキコはダンサーです。
　　　2　Yukiko is a nurse.　ユキコは看護師です。

 英語を聞こう！ & 音読しよう！ 🔊 73

時<ruby>刻<rt>じ こく</rt></ruby>やものの長さなど、数字の聞き分けがポイントになる問題もあります。英文を2つ聞いて、イラストの内容に合うほうの番号を○でかこみましょう。

(1) 🔊 **74**　　　(2) 🔊 **75**　　　(3) 🔊 **76**

| 1 | 2 | 1 | 2 | 1 | 2 |

> seventeen は téen に、seventy は séven にアクセントがあるよ。3ケタの数字の読み方も<ruby>確認<rt>かくにん</rt></ruby>しよう！

放送文&答え

(1)　1　Ted is 17（seventeen）kilograms.　テッドは17キログラムです。

　②　Ted is 70（seventy）kilograms.　テッドは70キログラムです。

(2)　1　Please open your book to page 112（one hundred twelve）.
　　　本の112ページを開けてください。

　②　Please open your book to page 120（one hundred twenty）.
　　　本の120ページを開けてください。

(3)　①　It's 11:15（eleven fifteen）in the morning.
　　　午前11時15分です。

　　2　It's 11:55（eleven fifty-five）in the morning.
　　　午前11時55分です。

👄 **英語を聞こう！ & 音読しよう！** 🔊 **77**

Let's TRY

3つの英文を聞いて、絵を最もよく表している文の番号に○をつけましょう。

1

🔊 78

1   2   3

2

🔊 79

1   2   3

3

🔊 80

1   2   3

4

🔊 81

1   2   3

1. ときかた

放送文

1 Martin is buying a computer.
2 Martin is taking a picture.
3 Martin is talking on the phone.

人物の動作がポイントの問題よ。このように、1人の人物が何か
をしているところのイラストの場合は、「～は…しています」と
いう文が読まれるよ。この男の子は電話でだれかと話している様
子だから、3が正解。

- -

訳：1「マーティンはコンピュータを買っています」
　　2「マーティンは写真をとっています」
　　3「マーティンは電話で話しています」

（正解　3）

 talk on the phoneで「電話で話す」という意味だよ。

176

2. ときかた

放送文

1　The butterfly is on Lucy's head.
2　The butterfly is on Lucy's foot.
3　The butterfly is on Lucy's finger.

「どこにあるか」を聞いている問題よ。英文は3つともThe butterfly is on Lucy'sまで同じだから、そのあとの体の部分を聞き取るよ。headか、footか、fingerか？ということ。

主語のbutterfly「チョウ」は女の子の頭（head）の上に止まっているから、1が正解。

訳：1　「チョウがルーシーの頭に止まっています」
　　2　「チョウがルーシーの足に止まっています」
　　3　「チョウがルーシーの指に止まっています」

（正解　1）

体の部分を表す語は165ページで確認しよう。

リスニング 第3部

3. ときかた

放送文

1	Paul gets up at 6:40 a.m.
2	Paul gets up at 6:45 a.m.
3	Paul gets up at 6:55 a.m.

時刻を聞き取る問題だよ。イラストに人物がいて、時計があるときは「何時か」がポイントになるよ。

時計は6:45 (six forty-five) を指しているから、2が正解。a.m. は「午前」、p.m. は「午後」という意味だよ。

- -

訳：1 「ポールは午前6時40分に起きます」
　　2 「ポールは午前6時45分に起きます」
　　3 「ポールは午前6時55分に起きます」

（正解　2）

173ページの(3)のイラストのように、時計だけのパターンもあるし、この問題のように「○時に〜します」のパターンもあるの。

時刻の読み方も確認しておかないとね。

4. ときかた

放送文

1　Cindy has a new umbrella.
2　Cindy has a new bag.
3　Cindy has a new watch.

「何を持っているか」を問うタイプの問題もあるよ。このイラストは人物がメインだけど、「何をしているところか」ではなく「何を持っているか」がポイントだね。持っているのはうで時計（watch）だから、3が正解ね。

うで時計が新しい（new）か古いかは気にしないでいいよ。3つの文はCindy has a new まで同じだから、最後の1語を聞いてどれがイラストと合っているかを判断してね。

訳：1　「シンディは新しいかさを持っています」
　　2　「シンディは新しいバッグを持っています」
　　3　「シンディは新しいうで時計を持っています」

（正解　3）

 英語を聞こう！ & 音読しよう！ 🔊 82

練習しよう！《リスニング》

リスニング第1部

イラストを参考にしながら英文と応答を聞き、最も適切な応答を1，2，3の中から一つ選び、その番号をマークしなさい。

No. 1 🔊 83

① ② ③

No. 2 🔊 84

① ② ③

No. 3 🔊 85

① ② ③

No. 4 🔊 86

① ② ③

No. 5 🔊 87

① ② ③

No. 6 🔊 88

① ② ③

放送文と答えと解説

No. 1　正解　2

スクリプト　M: Hi, Becky.　Is your mother at home?

　　　　　1　Yes, I am.　　　2　Yes, she is.　　　　3　Thank you.

訳　M: こんにちは、ベッキー。お母さんは家にいるかな？

　　　1　はい、わたしはそうです。　2　はい、います。　3　ありがとう。

解説　イラストを見て、女の子が家にやって来た男性と話している場面を想像しましょう。Is your mother at home?は「あなたのお母さんは家にいますか」という意味なので、「はい、います」と答えている2が正解です。Is ～?で聞かれたらisを使って答えます。

No. 2　正解　3

スクリプト　W: Do you have umbrellas?

　　　　　1　I like it.　　　　2　That's all.　　　　3　Yes, we do.

訳　W: かさはありますか。

　　　1　わたしはそれが好きです。　2　それで全部です。　3　はい、あります。

解説　店内での店員と客の会話もあります。ここでは、女性客が「かさはありますか［売っていますか］」とたずね、店員が「あります」と答えている3が正解です。男性は店を代表してweを使っています。2のThat's all.「それで全部です」は、店員に「ほかに何かほしいものはありますか」などと聞かれたときに使う表現です。

No. 3　正解　1

スクリプト　M: Look at those flowers.

　　　　　1　Oh, they're beautiful.　　2　In the afternoon.

　　　　　3　On the chair.

訳　M: あの花を見て。

　　　1　まあ、きれいね。　2　午後に。　3　いすの上に。

解説　男性がLook at ～「～を見て」と言って、2人が遠くにある花を見ている場面です。花を見て、beautiful「きれい」と答えている1が正解です。2は「いつ」、3は「どこ」を答えていて、「あの花を見て」の返事として合いません。

No. 4　正解　**1**

　M: Can I use your eraser?

　　　1　Sure, you can.　　　2　You, too.　　　3　At school.

訳　M: きみの消しゴムを使ってもいい?

　　　1　うん、いいよ。　2　あなたもね。　3　学校で。

解説　Can I ~? 「~してもいいですか」というお願いを受け入れている1が正解です。eraser の発音を確認しましょう。eraser が聞き取れなかったとしても、イラストを見て、「きみの~を使ってもいい?」という意味だとわかれば、1を選ぶことができるでしょう。2の You, too. は Have a good day. 「いい一日を」—You, too. 「あなたもね」のように使います。

No. 5　正解　**2**

　W: How old is your brother?

　　　1　I'm full, thanks.　　2　He's twenty.　　3　In two hours.

訳　W: あなたのお兄さん[弟]は何歳ですか。

　　　1　お腹がいっぱいです、ありがとう。　2　彼は20歳です。　3　2時間後に。

解説　女性が How old ~? で男性の兄[弟]の年齢をたずねています。「20歳」と答えている2が正解です。3の in は「~後に」という意味で、In five minutes. なら「5分後に」です。two という数字を聞いてうっかり選ばないようにしましょう。

No. 6　正解　**3**

　W: When do you practice the piano?

　　　1　It's over there.　　　2　I do, too.　　　3　After dinner.

訳　W: あなたはいつピアノを練習するの?

　　　1　あそこにあるよ。　2　ぼくもするよ。　3　夕食後に。

解説　女の子が When ~? で「いつ」ピアノを練習するかをたずねています。「夕食後に」と答えている3が正解です。2の I do, too. は Me, too. と似ていて、「わたしも~します」と言うときに使います。

 英語を聞こう!　＆　音読しよう! 🔊 89

対話と質問を聞き、その答えとして最も適切なものを1，2，3，4の中から一つ選び、その番号をマークしなさい。

No. 1 🔊 **90**

1　She reads books.

2　She goes skiing.

3　She cooks at home.

4　She goes to school.

①②③④

No. 2 🔊 **91**

1　$6.

2　$15.

3　$50.

4　$60.

①②③④

No. 3 🔊 **92**

1 Making a cake.
2 Reading a book.
3 Writing a card.
4 Having a party.

①②③④

No. 4 🔊 **93**

1 The girl.
2 The boy.
3 The girl's father.
4 The boy's father.

①②③④

放送文と答えと解説

No. 1　正解　3

スクリプト　M: What do you do on weekends?

W: I cook with my mother at home.

Question: What does the girl do on weekends?

訳　M: 週末は（いつも）何をしているの？

W: 家でお母さんと料理をするよ。

質問：女の子は週末、何をしますか。

1　彼女は本を読む。　　　　　2　彼女はスキーに行く。

3　彼女は家で料理をする。　　4　彼女は学校へ行く。

解説　男の子が女の子に週末に何をするのかたずねています。質問のthe girlは話している女の子のことで、「家でお母さんと料理をする」と答えているので、3が正解です。選択肢が、放送文のcook with my mother at home のままではなく、cooks at homeとなっていることにも注目しましょう。

No. 2　正解　4

スクリプト　W: How much are these white boots?

M: 60 dollars. The black ones are 50 dollars.

Question: How much are the white boots?

訳　W: この白いブーツはいくらですか。

M: 60 ドルです。黒いほうは50 ドルになります。

質問：白いブーツはいくらですか。

1　6 ドル。　　2　15 ドル。　　3　50 ドル。　　4　60 ドル。

解説　女性客と男性店員の会話です。女性はHow much 〜?で白いブーツの値段をたずね、男性が60 (sixty) dollarsと答えています。質問は白いブーツの値段なので、正解は4です。3の$50は白ではなく黒いブーツの値段なので注意しましょう。会話中のonesはbootsのことです。

No. 3　正解　1

スクリプト　M: What are you doing, Cathy?

W: I'm making a cheese cake. It's for mom's birthday.

Question: What is Cathy doing?

訳　　　M: 何をしているの、キャシー？

W: チーズケーキを作っているの。お母さんの誕生日（たんじょうび）のためよ。

質問：キャシーは何をしていますか。

1　ケーキを作っている。　　　　2　本を読んでいる。

3　カードを書いている。　　　　4　パーティーをしている。

解説　　男性は女性に何をしているかたずねています。女性は「チーズケーキを作っている」と答えているので、1が正解です。(She is) Making a cake. という意味です。このあとのbirthday「誕生日」から想像して3や4を選ばないようにしましょう。

No. 4　正解　2

スクリプト　W: I go to Spain with my father every summer.

M: Great. I usually go there in spring.

Question: Who goes to Spain in spring?

訳　　　W: わたしは毎年夏にお父さんとスペインに行くの。

M: いいね。ぼくはたいてい、春にそこへ行くよ。

質問：だれが春にスペインに行きますか。

1　女の子。　　2　男の子。　　3　女の子の父親。　　4　男の子の父親。

解説　　この問題のように、「だれ」が問われるパターンもあります。質問はWho 〜?で、「だれが春にスペインに行くか」が問われています。スペインに行く季節は、女の子はsummer「夏」、男の子はspring「春」で、このちがいを理解（りかい）する必要（ひつよう）があります。I usually go there in spring. と言っているのは男の子なので、2が正解です。thereはスペインのことです。質問のspringをしっかりと聞き取らないと「夏」に行く女の子と区別（くべつ）できないので注意しましょう。

 英語を聞こう！ & 音読しよう！ 🔊 94

リスニング第3部

3つの英文を聞き、その中から絵の内容を最もよく表しているものを1，2，3の中から一つ選び、その番号をマークしなさい。

No. 1 🔊 **95**

① ② ③

No. 2 🔊 **96**

① ② ③

No. 3 🔊 **97**

① ② ③

No. 4 🔊 98

① ② ③

No. 5 🔊 99

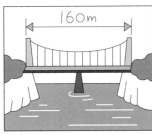

① ② ③

No. 6 🔊 100

① ② ③

放送文と答えと解説

No. 1 正解 1

スクリプト 1 Kenji is washing his shoes. 2 Kenji is listening to music.
3 Kenji is studying in his room.

訳 1 ケンジはくつを洗っています。 2 ケンジは音楽を聞いています。
3 ケンジは部屋で勉強しています。

解説 絵の中の人物が「何をしているか」が問われています。くつを洗っているところなので、1が正解です。

No. 2 正解 3

スクリプト 1 The fork is by the plate. 2 The fork is under the plate.
3 The fork is on the plate.

訳 1 フォークがお皿のそばにあります。
2 フォークがお皿の下にあります。
3 フォークがお皿の上にあります。

解説 物が「どこにあるか」を問う問題で、位置を表す語（by, under, on）の聞き分けがポイントになります。フォークはお皿の上にあるので、on「〜の上に」を使った3が正解です。

No. 3 正解 2

スクリプト 1 The woman is singing on the stage.
2 The woman is dancing on the stage.
3 The woman is talking on the stage.

訳 1 女性は舞台で歌っています。 2 女性は舞台で踊っています。
3 女性は舞台で話をしています。

解説 主語がKenjiなどの人の名前ではなく、The man「男性」、The woman「女性」などの場合もあります。on the stageの部分は同じで、singing、dancing、talkingという動詞だけがちがうので、舞台で「何をしているか」がポイントになります。女性は踊っているので、2が正解です。動詞の-ing形の聞き取りも確認しましょう。

No. 4 正解 1

スクリプト 1 Ben is in a station.　　2 Ben is in a library.

3 Ben is in a zoo.

訳 1 ベンは駅にいます。　　2 ベンは図書館にいます。

3 ベンは動物園にいます。

解説 絵の人物が「どこにいるか」を問う問題です。列車のホームにいるので、1 が正解です。ほかにbank「銀行」、restaurant「レストラン」など、166ページの「場所」を表す語を聞いてわかるようにしておきましょう。

No. 5 正解 3

スクリプト 1 The bridge is 16 meters long.

2 The bridge is 60 meters long.

3 The bridge is 160 meters long.

訳 1 橋は16メートルです。　　2 橋は60メートルです。

3 橋は160メートルです。

解説 長さや高さがポイントとなる問題です。〈数字＋long〉で「長さ」、〈数字＋tall[high]〉で「高さ」を表しますが、数字が聞き取れれば正解できます。絵の橋は160（one hundred and sixty）メートルなので、3が正解です。16（sixteen）と60（sixty）の発音のちがいと、meter(s)「メートル」やkilogram(s)「キログラム」など、165ページの「単位」を表す語とその発音も確認しておきましょう。

No. 6 正解 3

スクリプト 1 It's cold today.　　2 It's windy today.　　3 It's hot today.

訳 1 今日は寒いです。　2 今日は風が強いです。　3 今日は暑いです。

解説 天気や暑い・寒いを表した絵が出ることもあります。絵の女性は暑そうなので、hot「暑い」をふくむ3が正解です。166ページの「天気」を表す語を確認しておきましょう。

 英語を聞こう！ & 音読しよう！ 🔊 101

筆記1の43ページと45ページのスクリプトおよび訳<ruby>訳<rt>やく</rt></ruby>です。曜日や月の発音に慣<ruby>慣<rt>な</rt></ruby>れておくことで、リスニングの聞き取りにも役に立ちます。

p.43 🔊 **4**

Today is Monday. Tomorrow is Tuesday.

今日は月曜日です。明日は火曜日です。

Today is Tuesday. Tomorrow is Wednesday.

今日は火曜日です。明日は水曜日です。

Today is Wednesday. Tomorrow is Thursday.

今日は水曜日です。明日は木曜日です。

Today is Thursday. Tomorrow is Friday.

今日は木曜日です。明日は金曜日です。

Today is Friday. Tomorrow is Saturday.

今日は金曜日です。明日は土曜日です。

Today is Saturday. Tomorrow is Sunday.

今日は土曜日です。明日は日曜日です。

Today is Sunday. Tomorrow is Monday.

今日は日曜日です。明日は月曜日です。

p.45 🔊 **6**

The first month of the year is January. 　1年の1番目の月は1月です。

The second month of the year is February. 　1年の2番目の月は2月です。

The third month of the year is March. 　1年の3番目の月は3月です。

The fourth month of the year is April. 　1年の4番目の月は4月です。

The fifth month of the year is May. 　1年の5番目の月は5月です。

The sixth month of the year is June. 　1年の6番目の月は6月です。

The seventh month of the year is July. 　1年の7番目の月は7月です。

The eighth month of the year is August. 　1年の8番目の月は8月です。

The ninth month of the year is September. 　1年の9番目の月は9月です。

The tenth month of the year is October. 　1年の10番目の月は10月です。

The eleventh month of the year is November. 　1年の11番目の月は11月です。

The twelfth month of the year is December. 　1年の12番目の月は12月です。

January is the first month of the year.

1月は1年の1番目の月です。

February is the second month of the year.

2月は1年の2番目の月です。

March is the third month of the year.

3月は1年の3番目の月です。

April is the fourth month of the year.

4月は1年の4番目の月です。

May is the fifth month of the year.

5月は1年の5番目の月です。

June is the sixth month of the year.

6月は1年の6番目の月です。

July is the seventh month of the year.

7月は1年の7番目の月です。

August is the eighth month of the year.

8月は1年の8番目の月です。

September is the ninth month of the year.

9月は1年の9番目の月です。

October is the tenth month of the year.

10月は1年の10番目の月です。

November is the eleventh month of the year.

11月は1年の11番目の月です。

December is the twelfth month of the year.

12月は1年の12番目の月です。

［著者紹介］

入江　泉

大阪府出身。1997年に小・中学参書界の編集者としてキャリアを始め、2005年に独立。以降，中学・高校の学校英語や各種検定試験の対策、英文法、リスニング・スピーキングなど幅広い教材の執筆・校正者として活動。英検においては各級の過去問の解説や対策教材の執筆を多く手がけている。5年間のニュージーランド生活を生かし、特に初級英語での実用的な英語にこだわる。2021年より1年半のデンマーク滞在を経て、2022年よりオランダ在住。

著書に『きほんから学ぶ！ 英検準2級合格ハンドブック』（同シリーズの2級）、『1日1枚！ 英検5級 問題プリント』（同シリーズの4級、3級、準2級、2級）（以上、スリーエーネットワーク）、『最短合格！ 英検2級リーディング＆リスニング問題完全制覇』（ジャパンタイムズ出版）、『高校入試 とってもすっきり 英語長文』『高校 とってもやさしい 英語リスニング』（以上、旺文社）など多数。

装幀・本文デザイン：山田 武

イラスト：タニグチコウイチ

ナレーター：Eric Kelso、Katie Adler

音源制作：株式会社 巧芸創作

きほんから学ぶ！ 英検®5級 合格ハンドブック

2023年6月20日　初版第1刷発行

著　者：入江泉

発行者：藤嵜政子

発行所：株式会社 スリーエーネットワーク
　　　　〒102-0083
　　　　東京都千代田区麹町3丁目4番 トラスティ麹町ビル 2F
　　　　電話：03-5275-2722［営業］
　　　　　　　 03-5275-2726［編集］
　　　　https://www.3anet.co.jp/

印刷・製本：日経印刷株式会社

合格前の最後の１冊に！

1日1枚！ 英検® 5級 問題プリント

好評発売中

入江泉 著

1,100円（税込）

93ページ

B5判　CD１枚付

ISBN:978-4-88319-746-0

- 1日1枚で25日完成！
- 小学生から使える！
  - ⇒ 切り取れるから授業のプリント感覚
  - ⇒ ヨコ型で書き込みやすい
- スピーキングテストにも対応！

　１日１枚、毎日小さな達成感を得ながら、最後に大きな達成感（合格）を得られる英検®５級対策の問題プリントです。

　やさしい問題から徐々に本番に慣れていくステップバイステップ形式で、20日間で完成させる「トレーニング」とミニテスト5日分の「挑戦（トライ）してみよう！」の二部構成。一冊全てを25日で完成できます。

　解答解説は赤ペン先生のような、パッと見てすぐにわかるレイアウトで、合格できるためのポイントをシンプルに解説しています。無理なく学習ができるので、中学生や大人はもちろん、小学生にもおすすめです。

文法のまとめ＆重要単語リスト付き。

1日1枚！ 英検® 問題プリント　シリーズ

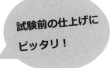

| 1,430円 | 1,430円 | 1,210円 | 1,100円 | 価格は全て税込です。 |